The Early Modern Englishwoman:
A Facsimile Library of Essential Works

Series I

Printed Writings, 1500–1640: Part 2

Volume 6

Anne, Margaret, and Jane Seymour

The Early Modern Englishwoman:
A Facsimile Library of Essential Works

Series I

Printed Writings, 1500–1640: Part 2

Volume 6

Anne, Margaret, and Jane Seymour

Selected and Introduced by
Brenda M. Hosington

General Editors
Betty S. Travitsky and Patrick Cullen

Ashgate

Aldershot • Burlington USA • Singapore • Sydney

Published by
Ashgate Publishing Ltd
Gower House
Croft Road
Aldershot
Hants GU11 3HR
England

Ashgate Publishing Company
131 Main Street
Burlington
Vermont 05401
USA

Ashgate website: http://www.ashgate.com

British Library Cataloguing-in-Publication Data
Seymour, Anne
    The early modern Englishwoman : a facsimile library of
    essential works.
    Part 2: Printed writings, 1500–1640: Vol. 6
    1. English literature – Early modern, 1500–1700   2. English
    literature – Women authors   3. Women – England – History –
    Renaissance, 1450–1600 – Sources   4. Women – England –
    History – Modern period, 1600– – Sources   5. Women – Literary
    collections
    I. Title   II. Seymour, Margaret   III. Seymour, Jane
    IV. Travitsky, Betty S.   V. Cullen, Patrick Colborn, 1940–
    VI. Hosington, Brenda M.   VII. Hecatodistichon   VIII. Le tombeau de
    Marguerite de Valois
    820.8'09287

Library of Congress Cataloging-in-Publication Data
The early modern Englishwoman: a facsimile library of essential works. Part 2. Printed writings, 1500-1640 / general editors, Betty S. Travitsky and Patrick Cullen.

See page vi for complete CIP Block 99–55417

The woodcut reproduced on the title page and on the case is from the title page of Margaret Roper's trans. of [Desiderius Erasmus] *A Devout Treatise upon the Pater Noster* (circa 1524).

ISBN 1 84014 219 7

Printed in Great Britain by Antony Rowe Ltd, Chippenham, Wiltshire

CONTENTS

Library of Congress Cataloging-in-Publication Data
Warwick, Anne Dudley, Countess of, d. 1588.
  [Annæ, Margaritae, Ianae, sororvm virginvm heroidvm anglarvm, in mortem diuæ
Margaritae Valesiae, Nauarrorum reginæ, hecatodistichon]
    Anne, Margaret, and Jane Seymour / selected and introduced by Brenda M. Hosington.
      p. cm. -- (The early modern Englishwoman. Printed writings, 1500–1640, Part 2 ; v. 6)
    Contents: Annæ, Margaritae, Ianae, sororvm virginvm heroidvm anglarvm, in mortem
diuæ Margaritae Valesiae, Nauarrorum reginæ, hecatodistichon – Tombeav de
Margverite de Valois Royne de Navarre.
    ISBN 1–84014–219–7
     1. Marguerite, Queen, consort of Henry II, King of Navarre, 1492–1549--Poetry. I.
Seymour, Margaret, Lady. II. Seymour, Jane, Lady. III. Hosington, Brenda M. IV.
Warwick, Anne Dudley, Countess of, d. 1588. Annæ, Margaritae, Ianae, sororvm
virginvm heroidvm anglarvm, in mortem diuæ Margaritae Valesiae, Nauarrorum reginæ,
hecatodistichon. French. V. Warwick, Anne Dudley, Countess of, d. 1588. Tombeav de
Margverite de Valois Royne de Navarre. VI. Title. VII. Series.

PA8595.W3127 A79 2000
874'.04--dc21

                                                          99–55417

PREFACE
BY THE GENERAL EDITORS

Until very recently, scholars of the early modern period have assumed that there were no Judith Shakespeares in early modern England. Much of the energy of the current generation of scholars has been devoted to constructing a history of early modern England that takes into account what women actually wrote, what women actually read, and what women actually did. In so doing the masculinist representation of early modern women, both in their own time and ours, is deconstructed. The study of early modern women has thus become one of the most important—indeed perhaps the most important—means for the rewriting of early modern history.

The Early Modern Englishwoman: A Facsimile Library of Essential Works is one of the developments of this energetic reappraisal of the period. As the names on our advisory board and our list of editors testify, it has been the beneficiary of scholarship in the field, and we hope it will also be an essential part of that scholarship's continuing momentum.

The Early Modern Englishwoman is designed to make available a comprehensive and focused collection of writings in English from 1500 to 1750, both by women and for and about them. The first series, *Printed Writings, 1500–1640*, provides a comprehensive if not entirely complete collection of the separately published writings by women. In reprinting these writings we intend to remedy one of the major obstacles to the advancement of feminist criticism of the early modern period, namely the unavailability of the very texts upon which the field is based. The volumes in the facsimile library reproduce carefully chosen copies of these texts, incorporating significant variants (usually in appendices). Each text is preceded by a short introduction providing an overview of the life and work of a writer along with a survey of important scholarship. These works, we strongly believe, deserve a large readership—of historians, literary critics, feminist critics, and non-specialist readers.

The Early Modern Englishwoman will also include separate facsimile series of *Essential Works for the Study of Early Modern Women* and of *Manuscript Writings*. It is complemented by *Women and Gender in Early Modern England, 1500–1750*, a series of original monographs on early modern gender studies, also under our general editorship.

New York City
2000

INTRODUCTORY NOTE

Despite the fame their work brought them, and despite the importance of their parents in mid-Tudor England, relatively little information exists concerning the lives of Anne, Margaret and Jane Seymour, the three young daughters of Anne Stanhope and the Duke of Somerset. What is known of the Seymour sisters is found mainly in dictionaries and other reference works. Anne, who corresponded with Calvin and married into the illustrious Warwick family, lived out her life in relative obscurity with her second husband, Edward Unton, and finally sank into madness before dying in 1587. Margaret, considered by contemporaries to be the most gifted of the daughters, wrote an epigram for the 1551 edition of the *Hecatodistichon* and, with her sister Jane, corresponded with the young Edward VI; no other writings remain and we know nothing of her life except that she never married. Jane wrote to Bucer and Fagius in Latin when only eight. She became a Lady of the Bed-Chamber at Elizabeth's court and at age nineteen was buried at Westminster Abbey; the ceremony was described by Henry Machyn and the epitaph composed by William Camden.

In 1550, aged roughly eighteen, sixteen and nine, these three young noblewomen composed a Latin poem of 104 distichs on the death of Marguerite de Navarre, which they sent to their former tutor, Nicolas Denisot, now living in Paris. Entitled *Annae, Margaritae, Janae, Sororum virginum heroidum anglarum, in mortem Divae Margaritae Valesiae, navarrorum Reginae, Hecatodistichon*, it was the first formal and original verse encomium in Latin penned by a female author to be printed in England.

The *Hecatodistichon* is the work of all three Seymour sisters, who wrote alternating distichs. It is a poem of praise composed in appropriate elegaic couplets and conforms quite closely to the model of Renaissance encomium: it describes the dedicatee's strengths, virtues and universal renown, establishes her as a 'mirror of piety' and 'purity' for women, and offers the consolation that the deceased has been taken up to heaven. Reworking images taken from Marguerite's own *Miroir de l'âme pécheresse*, the Song of Songs and the New Testament, the sisters weave together a poem charting Marguerite's progress through life to death and beyond. A virtuous yet suffering woman, a poet and queen yet a pilgrim and prisoner on earth, she passes from wise virgin with oil-filled lamp to bride of Christ, united with him for all eternity in an apocalyptic vision of the Marriage of the Lamb.

Anne, Margaritae, Janae, sororum virginum, heroidum Anglarum, in mortem Divae Margaritae Valesiae, nararrorum Reginae, Hecatodistichon. Accessit Petri Mirarii ad easdem virgines, Epistola; una cum doctorum aliquot virorum Carminibus. Parisiis, ex officina Reginaldi Calderii & Claudii ejus filii. Anno salutis 1550
[*One hundred distichs on the death of the noble Marguerite de Valois, Queen of Navarre, by the three distinguished young English sisters, Anne, Margaret and Jane. To which is added an Epistle to the young girls by Pierre des Mireurs, together with several poems of learned men. Paris: 1550*]

The *Hecatodistichon* was published in Paris in the summer of 1550 by Denisot, as the cornerstone of a collective *tumulus*, or commemorative volume, dedicated to Marguerite. The volume contained twenty-two contributions in Greek and Latin, thirteen praising the Seymours and nine their dedicatee. It opened with an Epistle and a poem by Denisot to his pupils and an Epistle by Pierre des Mireurs in their honour. Nineteen poems (fifteen in Latin, four in Greek), composed on the one hand by established poets like Jean Dorat and on the other by aspiring young writers like Antoine de Baïf, Matthew Pac and Charles Sainte-Marthe, stressed the Seymours' and Marguerite's piety, chastity and learning. Denisot's cousin and wife also contributed short poems. While the volume focuses on the praise of feminine virtue and learning, like many other Neo-latin *tumuli* it also represented another agenda. For Denisot it was a means to re-establish himself in the literary world of Paris after his absence in England, while for his friend, Charles Sainte-Marthe, it constituted a platform from which to appeal to his compatriots to rise up and emulate the young Seymours' panegyric.

Le Tombeau de Marguerite de Valois Royne de Navarre. Faict premierement en Distiques Latins par les trois Soeurs Princesses en Angleterre. Depuis traduictz en Grec, Italien, & François par plusieurs des excellentz Poètes de la France. Avecques plusieurs Odes, Hymnes, Cantiques, Epitaphes, sur le mesme subiect. A Paris, Michel Fezandat, & Robert Gran Ion, au Mont S. Hilaire, 1551

[*A Commemorative volume for Marguerite de Valois, Queen of Navarre. First composed in England, in Latin distichs, by three sisters who are Princesses. Since translated into Greek, Italian and French by excellent poets in France. With several Odes, Hymns, Canticles, Epitaphs on the same subject. Paris: 1551.*]

The French *literati* were swift to respond to the appearance of the *Hecatodistichon*. In 1551 Denisot republished the Seymours' poem with a few minor editorial changes but in a completely new volume with a French title that emphasized the collective nature of the *tombeau*, or commemorative volume. This 'French' edition, as it came to be known, comprised fifty-one poems in Greek, Latin, Italian and French, an Epistle in French by Denisot to his new dedicatee, Marguerite, Duchesse de Berry, and a translation of the *Hecatodistichon* into Greek (Dorat), Italian (Jean-Pierre de Mesmes) and French (Du Bellay, Baïf, Denisot and Antoinette de Loynes). Although now inspiring proportionately fewer contributions than Marguerite, the Seymours are the subject of a new Epistle by Nicolas de Herberay, a sonnet by Ronsard entitled 'Quand les filles d'Achelois', an Italian poem by des Mesmes and a sonnet by de Loynes.

The poem by the 'English sirens', as Ronsard called them in his sonnet, had obviously made its mark. It was unusual, being a Latin composition by three young girls; it praised an erudite and pious model for Renaissance French women writers but also for English Protestants; it inspired two women contributors; its second edition was dedicated to yet another woman and prefaced by an Epistle praising feminine erudition which it inevitably linked to virtue, particularly chastity. In short, it had twice inspired whole volumes infused with a strong feminine presence and unique in their time.

Despite the success of the Seymours' poem and the two *tombeaux*, neither volume has ever been republished. Copies of the 1550 edition can be found at the Bibliothèque Nationale, The British Library and The Huntington Library. Copies of the 1551 edition are also at the Bibliothèque Nationale and The British Library as well as the Bodleian Library, the Bibliothèque Sainte-Geneviève, the Houghton Library at Harvard, Smith College and the Walters Art Gallery and Library, Baltimore. (For both editions, we reprint the copy from The British Library.) The 1551 Latin text is given without any textual or critical notes by Henri Chamard in his edition of Du Bellay's translation of the text in Vol. IV of the *Oeuvres poétiques* (pp. 57–84).

Although the Seymours' poem is briefly discussed in two works on Denisot (Jugé, 59–62 and Harris, 37–39) and one article on the Princess Elizabeth's translation of Marguerite's *Miroir* (Prescott, 73–76), it has not until recently been the subject of any detailed study in its own right (Hosington).

References

Ballard, George (1752), *Memoires of Several Ladies of Great Britain*, Oxford
Bayle, Pierre (1697), *Dictionnaire historique et critique*, Rotterdam
Chamard, Henri (ed.), (1908–31), *Oeuvres poétiques* [Du Bellay, Joachim], Paris: STFM
Dictionary of National Biography (Since 1917), Sir Leslie Stephen and Sir Sidney Lee (eds.), London: Oxford University Press (See entries for Edward Seymour, John Dudley and Henry Unton.)
Harris, Margaret (1966), *A Study of Théodose Valentinian's 'Amant resuscité de la mort d'amour'. A Religious Novel of Sentiment and Its Possible Connexions with Nicolas Denisot du Mans*, Geneva: Droz
Hosington, Brenda (1996), 'England's First Female-authored Encomium: The Seymour Sisters' *Hecatodistichon* (1550) to Marguerite de Navarre.

Text, Translation, Notes and Commentary', *Studies in Philology* 93: 117–163

Jugé, Clément (1907), *Nicolas Denisot du Mans (1515–1559). Essai sur sa vie et ses oeuvres*, Paris; repr. Geneva: Slatkine, 1969

Prescott, Anne Lake (1985), 'The Pearl of the Valois and Elizabeth I: Marguerite de Navarre's *Miroir* and Tudor England' in Hannay, Margaret (ed.), *Silent but for the Word*, Kent, OH: Kent State University Press

BRENDA HOSINGTON

Hecatodistichon is reproduced by permission of the British Library. The textblock of the original is 126 × 68 mm (octavo).

Readings where the copy is unclear

Ciii. 12 sulcos:

Ciii. 13 horridas

Annæ, Margari-

TAE, IANAE, SORO-
RVM VIRGINVM, HEROI-
DVM ANGLARVM,

In mortem Diuæ MARGARITAE
VALESIAE, *Nauarrorum Reginæ,*
Hecatodistichon.

Accessit
Petri Mirarij, ad easdem uirgines, Epistola: unà cum
doctorum aliquot uirorum Carminibus.

SOLA

HANC ACIEM TEM PVS RITVNDIT VIRTVS.

PARISIIS,
x officina Reginaldi Calderij & Claudij eius filij
Anno salutis.   1550.
Cum Priuilegio.

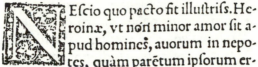

ᴅᴏILLVSTRISSIMIS PRIN-
cipibus, Annæ, Margaritæ, Ianæ Semorianis
sororibus, Nicolaus Denisotu·
Cenomanus S. D.

Escio quo pacto sit illustriss. Heroinæ, vt non minor amor sit a-
pud homines, auorum in nepo-
tes, quàm parêtum ipsorum er-
ga filios. Id nunc per me doctus ita esse, re
ipsa cóperi . Quum enim audissem & vos
Nauarrensis Reginæ recétem obitum non
solùm lachrymis, sed etiam centú alternis
distichis prosecutas esse, nihil mihi prius
fuit, quàm vt illos versus primùm crebris
literis flagitarem: deinde acceptos, charis-
simorum nepotulorum loco haberem. Sic
enim eos proprio iure vêdico, vt meos ap-
pellem: qui vos tales istic quum essem, ve-
strósque generosissimos animos táquá pa-
rês alter, in poeticis nostrísque patriis lite
ris (quú alioqui Ioânes Crannus præceptor
vester, vtriusque linguæ scientissimus, abú
dè cætera pro sua doctrina diligentiáque
præstaret) pro mea parte & formauerim &
educarim: nunc à vobis prognatos versicu
los, quasi alteram ingenioli nostri propagi

a ii

nem agnosco atque amplector , nõ minus
mihi, quàm vobis,&ornamento futurum
& voluptati. Itaque statim vt legi,non po-
tui abstinere,quin eos, si non pro meis , at
certè tanquam mihi vobiscum cómunes
liberos,in vulgus edendos curarem : nimi-
rum existimans,neque vestro discipularũ
splendore,neque mea vestri quãtulicunq́;
que praeceptoris opera indignos,in manus
hominum peruenturos . Quippe qui sint
ita scripti,vt & in nobilissimam Reginam
à nobilissimis Regis consobrinis,& in piis-
simam ac doctiss. Principem à piissimis
doctissimísque Principibus puellis luculē
tius atque suauius scribi nõ potuerint. Sic
enim, quam viuam singulari quodam stu-
dio amãdam & imitandam vobis duxera-
tis,eius mortuæ veram effigiem illis versibus exprimitis,vt & illam à morte viuam
probetis,& in vita mortuam etiam atque
etiam fuisse ostendatis .Amant igitur vestros versus,qui illam non oderunt:vestros
versus non oderunt,qui illam amant:sicut
amant profectò , & apud suos,& apud ex-
ternos,vestrates praesertim,plurimi,cũ doctrina eius incredibili,tum pietate prope
singulari cómoti . Nec dubito quin (quod

plerunque fit) parcente mortuis inuidia,
crefcat magis ac magis in dies mortuçRe-
ginæ memoria:crefcente autem illa, cre-
fcent & veftri verfus,noménque. Crefcen-
tibus porrò veftris verfibus ac nomine,ne
meum quidem(qui in parté docendi vos
tales tantáfque aliquando venerim)iace-
bit inobfcurum.   Valete ter geminæ So-
rorculæ Principes : veftríque Denifoti er-
ga vos ftudium boni confulite.   Datum
Lutetiæ Calend.Maiis 1 5 5 0.

Ad easdem virgines Sorores
Comes Alsinous.

Empore quo verni radiantia lumina solis
    Vndique multiplici prata colore nouant :
Ecce oblata mihi vernantia disticha centum,
    Alterna docte disticha scripta manu.
Tunc subijsse meos omnes noua gaudia sensus
    Credite, & immemorem penè fuisse mei.
O quoties sunt lecta mihi, quotiésque relecta !
    Lecta tenent animum: sæpe relecta, trahunt.
Macte tribus tres ingenijs, sacra carmina vobis
    Digna magis, quamuis hæc quoque sacra sonant.
Pergite Semorides sub Apolline scribere Christo,
    Dum vestræ ætatis flos tener iste viget.
Et sacram vestro capiti iam nectite laurum,
    Quam nequeat vobis detrahere vlla dies.

Ex Alsinoia nostra.

ANNAE, MARGARI-
TAE, IANAE, SORORVM VIRGI-
NVM HEROIDVM ANGLARVM,

In mortem Diuæ MARGARITAE VA-
LESIAE Nauarrorum Reginæ,

Hecatodiſtichon.

ANNA.

AEC ſacra reginæ cineres tegit vrna Nauarræ,
    Vrna tegens tenui grande cada-
uer humo.

MARGARITA.

Regina hîc, qua non alia eſt vel nomine maior,
    Vel pietate prior, Margaris alma iacet.

IANA.

Margaris alma iacet, ſed corpore: mente nec olim
    Dum vixit lacuit, nec modò functa iacet.

ANNA.

Diuini vates, verſus, non buſta, parate
    Queis ſita Margaridos molliter oſſa cubent.

MARGARITA.

Carminibus quicunque valent, cantúque poetæ,
    Margaridem cantu carminibúſque ſonent.

I A N A.

Quæ super egressa est sexus, mentémque, modúmque,
Regina (heu) perijt, si perijsse potest.

A N N A.

Corpus humum, sed mês cœlú:quod amabat vtrúque,
Iam tenet:antiquis gaudet vtrunque locis.

M A R G A R I T A.

Idem Reginæ cineres, atque ossa Nauarræ,
Non idem claudit Spémque, Fidémque lapis.

I A N A.

Quicquid ab Æterno potuit mortalibus vsquam
Esse boni, aut sancti, Margaris obtinuit.

A N N A.

Illa bono & sancto toties operata, bonóque
Et sancto fruitur, perfruitúrque Deo.

M A R G A R I T A.

Reginæ, in terris quicquid sol lumine lustrat,
Quicquid & Oceanus proluit, est tumulus.

I A N A.

Non hæc Reginam claudit breuis vrna Nauarræ.
Claudere Reginam tam breuis vrna nequit.

A N N A.

Fœlix quæ Sponso vigilans veniente reperta est
Lampada non oleo deficiente suam.

MARGARITA.

Aduentus Christi donec tuba nuntiet horam,
  Qua licitum rursus sit rediisse, iacet.

IANA.

Perfossus paries non est: vigil illa latronum
  Vsque sibi insidias cauerat, vsque suis.

ANNA.

Margaridis tumulo si non bona verba preceris:
  Vel Christi ignarus, vel male gratus homo es.

MARGARITA.

Siqua Dei pura de relligione, fidéque,
  Promeruit laudem, Margaris illa fuit.

IANA.

Hîc, cui nostra parem, prisci neque temporis ætas,
  Nec similem cernent secla futura, iacet.

ANNA.

Si moritur corpus, non gloria, nomen, honórque:
  Nec moritur quicquid sancta Poesis habet.

MARGARITA.

Quæ Musis dare sueta suum cum fratre nitorem,
  Cum Musis perijt, fratréque Rege, soror.

IANA.

Non alia quàm qua fœlices lege, perempta est.
  Ergo fœlicem quis perijsse putet?

ANNA.

Quam nec vel præsens, vel postera nesciet ætas,
   Occidit:& ioca quæ sæpe cupiuit, habet.

MARGARITA.

Margaris humano iam libera carcere, cœli
   Nunc spatio fruitur liberiore sui.

IANA.

Ergo perit, toties pia quæ cantare solebat
   Carmina, fatales sæpe morata manus?

ANNA.

Terrestris scripsit nobis sacra carmina:iam nunc
   Cœlestis, Christo carmina sacra canit.

MARGARITA.

Dicite cum Paulo, dormit Regina Nauarræ.
   Dormit: sed certa surgat vt illa die.

IANA.

Quò vigor ille animi? quò regia corporis illa
   Maiestas? sancti quò decor oris abit?

ANNA

Mortua mi facies, & corporis horrida visu
   Cætera, sed mentis pulchra figura meæ est.

MARGARITA.

Asclepi valeant, valeántque Machaonis artes:
   Vtitur hæc medico, non moritura, suo.

IANA.

Det requiem cineri Dominus: conscendat & ipse
  Spiritus æthereum, venerat vnde, polum.

ANNA.

Extinctum licet angusta stet corpus in vrna:
  Non tamen angusto limite fama volat.

MARGARITA.

Háncne perisse putas, quam quà patet, obstupet orbis:
  Et cuius nomen complet vtrunque polum?

IANA.

Margaridem quum mors, fieret ne æterna, peremit,
  Illam ex mortali reddidit indigetem.

ANNA.

Corporeis toties pacem mens anxia rixis
  Optauit: tandem vt pace fruatur, obit.

MARGARITA.

Vixi (inquit) satis atque super, fataque peregi
  Tempora, nunc vitam dissoluisse iuuat.

IANA.

Huius fama probam & synceram publica vitam
  Iactat, habet certam publica fama fidem.

ANNA.

Rapta est, quum plures posset superesse per annos.
  Optima quæque cadunt, pessima quæque manent.

MARGARITA.

Sueuerat huc illuc terris peregrina vagari:
Pertesum erroris quum foret, astra petit.

IANA.

Quæris cur studuit puram bene ducere vitam?
Vt bene supremum posset obire diem.

ANNA.

Sub Christo vixit domino duce: mortua Christo est
Sub duce: sub Christo vitáque mórsque fuit.

MARGARITA.

Quid non illa habuit? quid non fuit antè? tamen nil
Tunc fuit, aut habuit: nunc habet, éstque aliquid.

IANA.

Margaris vt moritur, tunc vitam viuere primùm
Incipit: est mundo mortua, viua Deo.

ANNA.

O quoties dixit, Nostræ longissima vitæ
Tempora! non viuam morte soluta, Deus?

MARGARITA.

Et virtute duce, & duro comitante labore,
In cœlo Princeps principe sede sedet.

IANA.

Quæso quid in terris nisi dura, nisi aspera vidit?
Quæso quid in cœlis præter amœna videt?

ANNA.

Qualem diuitibus, talem se semper egenis
Præstitit: ergo illam dives, inópsque gemunt.

MARGARITA.

Nunc aula Regina caret. quid tum? modò Christi,
Et fruitur Diuùm Diua Panegyribus.

IANA.

In sua qui credit redituras corpora mentes,
Margaridem credat non potuisse mori.

ANNA.

Perdidit (ò fœlix) falsæ mala gaudia vitæ:
Inuenit vitæ gaudia vera nouæ.

MARGARITA.

Mortua, sed Christo, est: nunc viuit mortua Christo.
Nam tibi Christe mori, viuere Christe tibi est.

IANA.

Ergo morigraue? non. sic sic iuuat ire fidelem.
Et dixit moriens, sic quoque non morior.

ANNA.

Mortua sum: vitæ sed spes est vna prioris,
Quòd me cum Christo vita secunda manet.

MARGARITA.

Exuit illa sui mortalia corporis arma:
Induit arma animæ non moritura suæ.

IANA.

Quid moror in terris? Naturæ filia, tantas
   si mundus caussas, cur fugiatur, habet?

ANNA.

Vssit & exarsit? quidni? libabat amica
   Oscula, sed Christo deliciosa suo.

MARGARITA.

Quid non cogit amor Christi? sese ipsa negauit
   Ne Christum neget, huic néue neganda forêt.

IANA.

Occuluit roseos Christo addictissima vultus,
   Quum sibi supremum sensit adesse diem.

ANNA.

Quid trepido, si fida mei est custodia Christus?
   Quid trepido? mihi mors viuere, vita mori.

MARGARITA.

Spiritui caro quæ toties contraria cessit,
   Litigiosa fuit res, sine lite modò est.

IANA.

Auxilij nunc arma mei, clypeúmque salutis
   Christus habet. Mortis non ego tela tremo.

ANNA.

Tartare, nulla tua est victoria, vicit Iesus:
   Et Mors, quo stimulo possit obesse, caret.

MARGARITA.

Viuere triſte mihi eſt, lucrúmque mori: hæc ita demú
Fata, animam Patri reddidit, ille tulit.

IANA.

Si mea mors Chriſti fuerit victoria, Mórſque
Sic abſorpta: mori me potuiſſe putas?

ANNA.

Dum mihi vita datur, ſequitur mors inde: ſed ecce
Vita triſtitiam comparo, morte lucrum.

MARGARITA.

Ceu nouus exuuijs ſerpens reuireſcit ademptis:
Sic noua me poſito corpore forma manet.

IANA.

Quantum erat in me animi, Chriſto ſeruiuit: ob id.q̃
Sum regina, magis, quàm modò viua fui.

ANNA.

Dum muto in terris vitam pro morte, repentè
Pro morte in cœlis vita ſecunda datur.

MARGARITA.

Quæritis in terris cur nolit viuere? vitæ
In cœlum fecit mors melioris iter.

IANA.

Ille Deus, Deus ille Pater, promiſit Ieſum
Quem dedit: eius mors vitáque, facta mea eſt.

ANNA.

Ille Puer natus nôbis, & mortuus ille,
Nônne iterum viuit? sic ego viuo iterum.

MARGARITA.

Ceu postliminio primos remeauit in ortus
A Etheris: exilium totus hîc orbis erat.

IANA.

Quam non mutarunt nec læta nec aspera mentem,
Iam fruitur lætis aspera nulla timens.

ANNA.

Spe prius vsa, Fidéque, almáque Sorore duarum:
Spéque, Fidéque, nihil credit & optat: habet.

MARGARITA.

Lilia gestabat tria, Regum insignia: quidni?
Regia ter: Regum sponsa, soror, soboles.

IANA.

Reginæ ad superos aditum mens æqua, fidésque,
Et virtus, pietas, relligióque dedit.

ANNA.

Nunc quia conditio vitæ est mutata prioris:
Dicite, vita fuit quæ prior, vmbra fuit.

MARGARITA.

Si bona præcessit per Christum vita, fuitque
Mors bona: quam repetit vita secunda, bona est.

IANA.

IANA.

AEternùm fœlixque vale decus addita cœlo,
  Quam pietas iungit conciliátque Deo.

ANNA.

Fœlices animæ, quibus it comes illa Nauarre,
  Regina æterna candida tota stola.

MARGARITA.

Hanc omni pietate colat, pietate precetur,
  Qui pietate illi se studet esse parem.

IANA.

Arrabo, quem fuso dederat mihi sanguine Christus,
  In cœlo merces nunc mihi tota datur.

ANNA.

Meta mei cursus Christus fuit, vnde brabeum
  Promissum, & stadij præmia certa fero.

MARGARITA.

Et Carne, & Mundo, Sathanáque, & Morte subactis:
  Morte mea vitæ parta trophæa gero.

IANA.

Fratre meo carui, quid erat mihi charius illo?
  Quid si iterum liceat iam mihi fratre frui?

ANNA.

Desinite artifices cælare hanc, pingere: pinxit,
  Cælauit scriptis se satis illa suis.

6

MARGARITA.

Quis speculum illius non admirabitur, in quo
Vera dei effigies illa refracta datur?

IANA.

Mille patent causæ, causas si mille requiras,
Cur Diua ex omni parte beata modò est.

ANNA.

Antè fuit fragili, nunc est redimita corona
AEterna, æterni signa secuta ducis.

MARGARITA.

Ter conclamauit venerabile nomen Iesus:
Ter conclamati tota recepta sinu est.

IANA.

Viuit, io, viuit, somnóque quiescit amico,
Quæ vigil est somno, viuáque morte sua.

ANNA.

Ingredere ô fœlix Regina in prata salutis,
Quà ducit niueas signifer Agnus oues.

MARGARITA.

Candida candenti fulgens in veste sacerdos,
Iam non facta manu templa, Deúmque, cole.

IANA.

Fronte Dei viuigestas insigne sigillum:
Lædere signatam iam mala nulla queunt.

ANNA.

Incipe ferre manu palmæ victricis honorem,
Vel quia vicisti, vel quia fortis eras.

MARGARITA.

Ante throni iam stas arcem, iam Numen adoras,
Iam clamas: Soli qui sedet arce, salus.

IANA.

Iam tibi vera manu libamina, thuris acerra
Iam veri, puræ, non sine mente, preces.

ANNA.

Non sities, non esuries, non frigus & æstum
Iam metues, superis addita Diua choris.

MARGARITA.

Millia mille tibi sanctorum, atque altera mille
Millia, mille iterum millia iuncta sedent.

IANA.

Ad viuos fontes iam dux tibi iam præit Agnus,
Iam viui Panis mensa parata tibi est.

ANNA.

Gaudia quis numeret Sponsæ, Sponsique perennis,
Quos iungit thalamis lux sine fine suis?

MARGARITA.

Oscula quis numeret sanctè libata duobus,
Deliciásque animæ, deliciásque Dei?

d ij

IANA.

Quis numeret plausus ex omni parte sonantes
Spirituum, æterni quos tenet aula Dei?

ANNA.

Hymnus erit Sanctus sacras Hymenæus ad aures:
Carmen erit, Sanctus, ter geniale sonans.

MARGARITA.

Iam cane, Lux sit, Honor, Sapientia, Gratia, Virtus,
Sicut erat, nunc est, semper eritque, Deo.

FINIS.

NOBILITATE IVXTA AC
pietate conspicuis Heroidibus puellis, Annæ,
Margaritæ, Ianæ, sororibus Anglicis,
Petrus Mirarius salutem in eo
qui est vera omnium salus.

Cripturus ad vos vir-
gines tres sorores, igno-
tus ad ignotas, Gallus
ad Britãnas, doctrina
& eruditione, generis
nobilitate claras, mira
vitæ castimonia, mo-
rũ integritate, addo etiam pietate insigni,
iam penè toti orbis theatro cõspicuas, sen
tio maiore eloquentia opus esse, quæ vel
mihi infimæ sortis, nullíſque propemodũ
literis homini, animi auiditatem explere
queat, vel exactiſſimo denique vestro iudi
cio atque eruditiſſimis auribus satisfacere.
Quũ enim Nic. Denisotus nostrâs, vir dex
tro Ioue, & Iunone secunda, MusisGratiíſ-
que natus, iam olim in Aula vestra com-
munium studiorum gratia vobis notiſſ. ho
norificam vestri, in quorũdam doctorum
hominum corona, mentionem feciſſet:
quúmque raram illam indolem (Dei do-
b iij

num)virtutum omniũ chiliadas,pręter illam literarum cognitionem(abſolutam di
cere auſim) enumeraſſet, ac plenis (quod
aiunt)ribus dilaudaſſet, cœpi primũm ex-
pendere apud me cunctabundus, num illa fidem excederent,quæ ille pro veris con
ſtāter adfirmabat:putabã enim hominem
iocis alioqui ac ſalibus perſæpe colluden-
tẽ,aliquo ẽ veris Luciani narrationibus pe
tito,mihi in ea re fucum facere.Quis quæ-
ſo , niſi facili credulitate in falſam perſua-
ſionem prolapſus , puellas molliter educa-
tas,eãque maximè ætate quæ ornando ac
perpoliendo corpori ferè tota inſumitur,il
luſtribus viris,excellẽtia & dignitate pares
eſſe,ne dicã ſuperiores , crediderit? Sed in-
ſtat amici teſtimonium,in prouehẽdis veſtris triũ virginum heroinarum laudibus:
quod meum animum in diuerſum trahit.
Ego verò (inquam) vix adduci poſſum vt
credam , illas eò præſtantiæ in re literaria
peruenilſe,vt vel cum mediocris literatu-
ræ viris,eas meritò conferre poſſis.Nam ſi
hi ſolùm laude digni memoriáque hominum exiſtimandi ſunt,qui egregiis aliquot
ſcriptis nomẽ ſuum apud poſteros illuſtra
runt, mirum cur tu mihi tres illas ado-

Iefcétulas omni genere literarū opulentas
facis, & immortalitatis nomē adeptas efle
adferis, quæ nullum adhuc fui fpecimen
præbuerint, quod eas aliquando vixifle te-
ftatum relinquat: mihi quidem (inquam)
fi quod fentio liberè dicam, rem ita habere
vt dicis, nō fit verifimile. Accedit his, quòd
nullus ferè eft 'magnatum hac tempeftate
(quod fciam) qui curet filias fuas bonis literis diligenter inftituendas: hoc enim inter aulicos proceres rarū eflet naturæ pro-
digium . Perpaucos enim præfertim nobi-
lium inuenias, quibus non hoc vnicum fit
ftudium, vt filias fuas nullis edoctas literis,
pietate nulla, pulchro & diuiti marito, fuis
bonis rebus locatas contueri poflint. In pu
blica certè commoda (vt cum Flacco meo
loquar) fe peccare vehementer arbitrâtur,
fi eas politioribus difciplinis pulchrè orna
tas, magis quàm luculéter dotatas viro de-
fpondeát. Calúniantur præterea, hoc ftudio
rum genus corrumpere virginum pudicitiam, & à Chriftiana pietate animū auoca-
re. quæ res quantam noftri feculi plerífque
nobilibus labē afpergat, nō facilè dixerim.
Tú ille, poftquá in eam difputationis parté diumultúmque torfifle me, deprehédit,

multáque respódisset, vt suæ adsertioni fi-
dē faceret : statim quò se falsa ista mēdacij
suspicione liberaret, è sinu deprópsit Heca
todistichon(dij boni quale carmē!)sua ma
nu elegāter exscriptum, sed à vobis tribus
sororibus, graui admodum & plena digni-
tatis dicendi facultate, alternis, sed diuini-
tus factum ostendit. Ecce mihi præfari incipit illustrissimæ Heroidis Nauarrorum
Reginæ inclytum nomē: cuius diuina vobis poemata, tametsi Gallico sermone con
scripta, tanti fuerunt, vt ea non solùm se-
mel atque iterum legere, sed etiam ad ver
bum ediscere, deuorare, ac planè cócoque-
re, indéque diuini spiritus suauissimos lati
ces haurire volueritis. Sed ô fœlicē modis
omnibus vestrā infantiā virgines, quibus à
primo ortu, tā syncero lacte ali atque edu-
cari sit datum! Iā vnum atque alterū disti-
chorū paulò attētius excutio, tuorū potissi
mū Margarita, quæ mihi præter cæteras vi
sa es sublimè, adeóque supra aliarū sortem
euolare. statim mihi per os lachrymæ. Et
meritò. quis enim tantā doloris acerbitatē
sine lachrymis refricare posset, aut in eius
Principis mentionē siccis oculis incidere,
qua extincta, omnes literarū ac literatorū

ſpes ſimul conciderunt? Quid? inuitat pe-
culiaris ac genuinus veſtrorum carminum
ſplendor, nuſquam non dilucidus, nuſquam non amœnus, & inexhauſta ſuaui-
tate delectans . Nec ſatis eſt vidiſſe ſemel,
iuuat vſque morari, & conferre gradum.
Inuenio contracti doloris medelam reli-
quam, non minimam quidem illam, ſed
quæ graui animi morbo tabeſcentem, ſa-
nitati integræ reſtituere poſsit . Aculeata
verba: mouent: afficiunt': extra hominem
rapiunt :tota denique Chriſtum ſpirant.
Sed quanuis ſit rerum omnium (vulgata
ſententia)ſatietas: is tamen nunc etiã per-
ſeuerat animus,mihi credite virgines, longè quàm fuit vnquam legendis carminibus veſtris flagrantior. Ea enim Margaritæ
noſtræ ſublatam ex oculis veram imaginé
ita effingunt, vt antehac tenuiſsimam tan
tùm vmbram celſitudinis excellentię́que
illius nouiſſe videamur . Nec minus iudicio veſtro,prudéti ſanè & acri afficior, quæ
tantæ Principis,neque vnquam de facievo
bis notæ mores , ingeniúmique & vniuer-
ſũ vitæ curſũ ita expreſſiſtis, vt nihil ab il
lius protographo deſcribi,aut ab alio quo-
uis ſummo pingendi artifice oculis ſubiici

poſsit melius. Quid ſi illius os doctum ō-
mnium rerū quę ad diſcendum pertinent,
fontes animo ac memoria comprehenſos
exprimens:& quemcunque in animos hominum motum ſedare (vtor enim libenter
ter Tullianis vocibus)aut eos ab errore de-
ducere valens: vt mihi ſæpe, ita&vobis aliquando audire contigiſſet? Quid ſi admirā
dam vitæ ſanctimoniam omni decorum
genere cumulatiſsimam, cœleſti ſapientia
inſtructam,atque præter illa diuinæ mentis oracula, prorſus nihil aliud meditantē,
propius contemplari licuiſſet ? nō dubium
eſt quin prolixam hiſtoriam fœlicibus au-
ſpiciis à vobis cōſcriptam, noſtra hæc tem
pora,magno omnium conſenſu , vt doctā
legerent , & vt veriſsimam admitterent.
Veſtra itaque diuina carmina, vrgines , ef-
fecerunt,vt in Margarita noſtra,poſteritas
virtutum omnium exempla, omnium rerum diuinarum ſimulachra effigiéſque in-
tueatur. Adeò in ea cœleſtis planè immor
taliſque diuinitatis lumen effulgere oſten-
dunt , adeóque nihil mortale ſentientem
deſcribunt, vt meritò illi & patria cœlum
ipſum,& pater eſſe Deus (ſicut de Home-
ro proditum eſt)videri poſsit.Quid dicam

quanta quámque indicibili facundia Rę-
ginæ inuicti animi magnitudinem,&rectū
illum excelsūmque diuinitatis sensum,
expressum ante oculos constituant? Illam
(inquam) vitæ humanæ nullum habuisse
desyderium testantur, ita vt etiam æter-
nitatis amore(ó quanta est ea gloria!) mor
tem expetiuisse piis mentibus innotescat.
Fastus regios, opes, diuitias, deliciásque o-
mnes ac mundi illecebras, dum illa viue-
ret (magnum quidem est) contempsisse
creditur:sed longè maius spiritui reluctan
tem carnem,cum suo satellitio, vt vestra
commonstrāt carmina,expugnasse. Quid
quæso generosius, quàm Christi morte,
ad huius vitæ fragilis contemptum per-
trahi? Quid præclarius, quid Christiana
Principe dignius existimādum est, quàm
se totam neglectis omnibus huius fuga-
cis sæculi blandimentis, Iesu sponso cœlesti consecrare : eámque voluptatem a-
more sponsi sponte contemnere, cuius
vnius gratia pleræque Principes Heroinæ
dulci fortuna ebriæ, hîc cuperent perpe-
tuò viuere? At quum vestra carmina sorores virgines, talem Margaritam Valesā
fuisse(sicuti reuera fuit) ostendunt,nónne

omnibus illam illuſtribus fœminis viuam,
& veluti in tabella quadam depictam re-
preſentant, eámque ipſis ad imitandū pro-
ponunt? Atque vtinam, ſorores virginés,
permultas vobis ſimiles puellas noſter orbis produceret, in quibus tam admirabilis
natura eluceret virtutis indoles, & illa præter ætatem omnium ſemina diſciplinarū
conſpicerentur, is denique animus, quem
non innata luxus cupiditas ad delicias, non
ignauia ad ocium, non ſexus imbecillitas
ad pietatis neglectum impelleret, ſed qui
pertinaci labore, & perpetuo vitæ ſtatu, ad
veram & ſolidam honeſtatis laudem con-
tenderet. E noſtris verò Principibus heroi-
nis (ne interim illarum laudes ſilentio præ
tereã, ac turpiter diſſimulare videar) Margarita Valeſia ſereniſſ. Regis noſtri ſoror
vnica, primas tenet: virgo mehercules vt
clariſsimis maioribus ſuis digna, ita & doctrina, induſtria, ſtudio, labore, diligentia,
(vt mores inculpatos taceam) cæteris longè præſtãtior. Huic proximè accedit Iana
Nauarrica, Diuæ Margaritæ Valeſiæ ſobo-
les, viua veráque præclaræ genitricis ima-
go: cuius ſi laudes recenſere vellem, iiſdem
péné argumentis, quibus olim in laudanda

matre sum vsus, niterer:ea enim quæ vni
dantur,bonorum etiam calculo, alteri mi-
rè congruunt . Non possum autem (vt ad
vos redeam) parentibus vestris optimis
(præsertim matri prudentissimæ ac piis-
simæ)multis nominibus non gratulari,qui
tales filias genuerint, non solùm rerum
ac nominis successione dignas : sed quæ a-
nimum quoque ingenuis moribus , & ho-
nestis disciplinis excoluerint.Magnifica ve
rò laus,& quæ,vt domus vestra bonis arti-
bus dicata, toto terrarum orbe , inter præ-
cipua Britāniæ decora numeretur , tādem
efficiet.Gratulor & eo nomine plurimum
Ioanni Cranno præceptori vestro,viro (vt
ex eiusdem Denisoti ac multorum sermo
ne accepi) in vtraque lingua exercitatissi-
mo, & in formanda , curanda , erudienda
adolescentia vestra diligentissimo. Maxi-
mus profectò eius tam generoso labori honos debetur,maiórque quàm si decē Cleo-
bulinas,Cornificias, Corinnas,Lesbias, ad-
de his Cassandram Fidelem Venetam, à
Politiano tantopere celebratam , Poetrias
in disciplinam suscepisset.Vos enim estis,
quæ breui,si modò fata concesserint,nomē
illarū,vestra gloria obscurabitis . Non hor-

tabor vos ad virtutẽ, clarissimẹ virgines, quibus ipsa adeò est amica virtus, sanctarum & studia literarum, vt eruditionem non vulgarem incredibilis (vt audio) morum comitas, virgineo quodam pudore illustret. Hæc vna virtus (christianam intelligo) vos docuit domitas habere voluptates, genium fraudare, pauperibus larga manu erogare, pudicitiam ac castitatem amplecti, parentibus & precẹptori vos morigeras præbere, nihil in omni vita præter Dei opt. max. laudem & dignitatem celebrare, omnes vitæ molestias (siquæ humanitus acciderint) in rebus præclarè agendis leues ducere (sic patet nobis ad cœlum aditus, virgines) supera atque cœlestia spectare, humana omnia vt exigua & minima contemnere. Quòd si tales animos semper habebitis, quales habere vos, sanctiss. vestra carmina ostendunt, futurum spondeo cœlestem opem vestris conatibus minimè defuturam. vobis enim quum vrgebit extremum certamen mors, quæ vos istis corporis custodiis liberauerit, vt vitæ, ita laborum finis erit: & quod præstantissimũ est, fœlicitatis initium. Christus studia vestra ad sui gloriam, vestrámque vtilitatem be-

ne prouehat. Scripfit eodem quo & vos ar-
gumento in Reg.obitum orationem fune-
brem C. Sanctomarthanus amicus fum-
mus meus, & in omni difciplinarum genere diu ac fœliciter verfatus: hanc latinã
& gallicam fe ad vos miſſurum, Denifotus
noſter eſt pollicitus. Valete tria Angliæ lu
mina. Lutetiæ pridie Calend. Maias. 1550.

Veſtri ſi quifquam eſt alius, aut vnquã
fuit obferuantiſsimus, Petrus Mirarius.

Eiusdem Mirarij Epigramma.

C V V M mea mens audax, cæco copul-
        sa fauore,
    Viribus humanis fidens, male tuta
        fuisset:
Margaridis, tenui versu, cantabat honores
Antiquos, patriam, genus omne, & candida facta:
Diuinum ingenium: diuina poemata, summo
Grata Ioui: morésque pios: mentémque pudicam:
Extremum vitæ finem: certamina dura:
Rettulit vt victo moriens ex hoste triumphos.
Aliger ecce Deus, cælo delapsus ad imum,
Præcipites, dictis, nostros sic increpat ausus.
Desine. quid dignum factis mens stulta repones?
Mortali celebrare sono cœlestia tentas?
Ardua res adeò est. gracili non ore tonandum.
Virginibus commissa vides ea cura peritis
Vt sit? quæ latum famam diffundere in orbem
Eualeant, Diuam superis æquare canendo.
Surgite magnanimi vates, quibus inclyta virtus
Reginæ, exacuit validas in carmine vires.
Quà flectatur iter, vobis vestigia signant,
Sacra(prius Gallis non visa)exempla Sororum.

            Ignoti nulla cupido.

MATTH. PAC. IVRISCON.
in Triū Britannarum Heroidū gratiā Hendecaſyllabon.

Riſcorum monimenta rettulerunt
Tres olim Charites Ioue eſſe patre,
Et matre Eurynome, ſatas Sorores,
Aglæam, Euphroſynen, Thaliam: illas
Prudentes, hilares, manus habentes
Conſertas, iuuenes: ſimul pudica
Quauis virginitate caſtiores,
Muſarum ſocias, ſolutiore
Ac lucenti habitu: quòd indicarent
Iſtis dotibus eminere ſemper
Diuinum genus. Aſt ego intuendo
Centum hæc diſticha, tam pia, ac venuſta,
Queis Heroides hæ poſitiores
Tam magnum ſpecimen ſui dederunt,
Eſſe tres Charites fatebor: atque
Nil diuinius eſſe credo, quàm quod
In rem Margaridis Valeſianæ,
Cum tanta pietate prædicarunt.
Quis tantum decus ex ſolo Britanno,
Noſtro hoc tempore, prodiiſſe credat?

VALENTINA ALSINOIA.

Muſarū decima, & Charitum quarta, inclyta Regū
Et ſoror & coniux, Margaris illa iacet.

c

Εἰς τὰς ἐκλαμποτάτας ἡρωΐδας σεμνοτάτας
τε παρθένους, κὴ γνησίας ἀδελφὰς, Ανναν,
Μαργαρίταν, Ἰάναν, τὰς ποιητρίας,
Ἰακώβου Γωπύλου ἰατρῦ.

Ἡρῶναι γενεῆς ἐρικυδέος ἐκγεγαῦαι
κελτῶν, ἠδ' ἰταλῶν ἄνθεα μυσοπόλων.
ὐ δεῖ εὐφυΐης κομπαζέμεν, ὑνεκ' ἀκραιφνῆ
ἠέρα οἰκεῖτε, ἄιτιον ὑμνοπόλων.
τρεῖς γὰρ διογνεῖς βοφίμους ἀνενείκατο μυσῶν
κόρας Βρετ̄ανία κάλλεϊ λαμπομένας.
ὐκ ἄρ' ὁμιχλώδης τόδ' ἀὴρ δρᾷ, ἀλλά γε φρον̄τίς,
ἣ κὴ Βρετ̄ανίδας φῆν' ἑλικωνιάδας.

Εἰς τὰς αὐτάς.
Αντωνίου Βαυφίου Επίγραμμα.

Οἷον ἀπαστράπ̄ουσαι ὁμαίμονες ἠέρα τρισσαὶ
πάν̄τα φλέγουσι μιᾶς τῷ κλέϊ Μαργα ρίδος;
ὐ κὴ λάμπε φάος τοπρὶν μέγα, νῦν δ' ἔτι μεῖζον
λάμπει, δαιομέναις λαμπὰς ἅτ' ἐν δαΐσιν.

Valis quadrigis *raptus ab igneis*
    Sublime vates, in liquidum æthera
    Venit, manu flammante frenos
    Ignipedum moderans. equorum:

Quum fulguranti lapsa senis sinu
    Vestis, supinas decidit in manus
    Vatis minoris, flammeósque
    Visa cadens rutilare tractus

A tergo: vt olim quum ruit, aut procul
    Visum supernè proruere incitum
    Sydus serena nocte longos
    Ponè trahens per inane sulco.

Sic nunc amictus Margaris horridas
    Granata, fæcis participes suæ
    Natalis, exuto veterno, &
    Corporeæ granitate molis,

Sublimis orbes attigit igneos,
    Nitens quaternis ad superos rotis,
    Spe cum Fidéque & Charitate,
    Víque malæ patiente sortis.

His vecta sursum Diua iugalibus,
    Iam nunc beatis cœtibus interest
    Regina non paruæ Nauarræ,
    Sed patuli solidique regni.

c ij,

Ὡς πολύυμνος ἄειπυ Μαργαρις, ὡς πολὺς
   ὕμνος.
   ἢ ὑπὸ τῆς κελαδ'ῶτ', ἢ περί μιν κελαδ'ῶ.
ζῶσ' ὑμνή Χρισον μέτροις πολίεσσι, θανῦΟ
   ὑμνῶτ͡ σ Διοσαις νὺρ ἑκαΟυσιχίσιν.
ἃς πόρι τῆς τζ εἰς κούραι ὁμόγνιαι εὐπατέρειαι
   ἀγγλίδ'ες ἐψηλαμ σύνδ'υο παρβολάδ'λυ.
τὰς ἑι ἀναγνοίης, φαίης κε τάχ' ἢ χάρι͡ας ἕξ,
   ἢ μούσας εἰναι δ'ώδ'εκα, τρῆις παραθίς.

IN MARGARIDEM VALE-
SIAM REN. SANC.

Laudantur sumptis fortes quòd Amazones armis
   Imperio populos supposuere suo.
At, vi ac effuso victoria sanguine parta,
   Debellat tantùm corpora, non animos.
Natio set nulla est, nulla est gens (sint Garamantes,
   Sit Geta, vicini Sauromatisque scythæ)
Quam non & nomen, totum & dispersa per orbem
   Margaridis virtus, afficiat, rapiat.
Ast id non armis, non vi, non sanguine fuso.
   I nunc, atque illi præfer Amazonidas.

Virtutem Tyrius manere nunquam
Illaudatam ait: atque veritatem
Nullo posse silentio tegi, nec
Quauis inuidia obrui opprimique
Christus adscruit. Quod esse vtrunque
Verum, tres hodie Anglicæ sorores,
Quæ sunt sanguine Regio creatæ,
Elegantibus ac pereruditis
Distichis, tibi Galle, comprobarunt.

Set, quod virginibus datur peritis
Laudi, iudicio omnium bonorum,
Vertitur vitio id tibi, perennes
Ingratique animi notas inurit.

Nam, quod iure suo petebat abs te
Nomen Margaridis, quod & beatis
Te eius soluere Manibus decebat,
Ingratus retines, taces, premisque.

Iam sextus propè mensis est, tibi ex quo
Sæua Margaridem abstulere fata:
Decus, Galle, tuum, tuúmque lumen.
Illam Margaridem, cui profectò
Parem sæcula prisca non tulere,
Parem tempora nostra non habent, nec
Parem longa hominum videbit ætas.

At, cum corpore nomen est sepultum:
Gallus nec fuit vnus, inter omnes
Tota Gallia quos fouet Poetas,
Diuæ Margaridi suos honores
Qui extinctæ sua solueritque iusta.
　Illam laudibus ad Deos vehebant,
Mirabantur, & omnibus colebant
Modis, quandiu erat superstes: at nunc
Nulla est mentio mortuæ. Macrinus,
Atque Borbonius, duo celebres
Nostræ lumina Galliæ Poetæ,
Dormiúntque, siléntque: nec minus sunt
Sangelasius, Heroetiúsque,
Et Salælius ipse, Bugiúsque,
In quibus nihil eruditionis,
Ingenique nihil potest requiri,
Omnes muti hodie: recénsque scriptor
Ronsardus, celebrat suos amores,
Heroásque vehit suos ad astra,
Ausus Pindarico sonare versu:
Ronsardus meus ille, quem Minerua
Sacrauit sibi: cui suada Pitho,
Dextro Mercurio irriganit ora,
Qui (nolit velit inuidus) poetas
Inter, conspicuus locum tenebit:
Musas qui vsqueadeò sacras amauit,
Musæ quem vsqueadeò sacratæ amarút,

Illi vt carmina Gallicè canenti,
Non Gallæ modo, set simul Latinæ,
Atticæ´que simul lyram ministrent.
Ipse at Margaridem tacet, nec vllos
Defunctæ tribuit poeta honores.
  Bellaius quoque, qui Italo Petrarchæ
Artem sustulit atque dignitatem:
Pellitarius eloquénsque, Græcum
Gallicè faciens tonare Homerum:
Et Chappusus omnibus probatus:
Habertúsque suauiter canens: ij
Satis·certè equidem, satísque multa
Scribút: Margaridem interim silent, néc
Mortuam adficiunt honore. Virtus
Ast id ferre nequit: nequítque ferre
Veritas sacra. Fit proinde, vt illam,
Cuius Gallia gloriam tacebat,
Exteræ celebrent canántque Gentes,
Gentes toto equidem orbe separatæ.
Nec Sophi modò, nec modo eruditi
Vates, Historicíque: set sorores,
Set puellæ etiam, set & puellæ
(Talia in quibus est nouum videre)
Principes. Quid ais? pudore magno
Non perfunderis, ò Poeta Galle?
Cuius officium facit puella,
Quando tu officium facis puellæ?

LVDOVICI SANCTO-
marthani apud Iuliodunum Pro-
curatoris Regij ad Carolum
fratrem.

Margaridem nobis sublatam morte, puellæ
   Versibus extollunt concelebrántque piis.
Interea vates quos nutrit Gallia, sese
   Scribere de tanto numine posse, negant.
Id tua Musa dolens, hos increpat, arguit, vrget:
   Ast illud, fatum sic voluisse puta.
Nempe vt Principibus fuerat quæ exéplar, ab altis
   Hic celebris fiat mortua Principibus.
Ac vt virgineo quæ in terris pectore vixit,
   Virgineo laudem sumat ab ore, Dea.

MART. BRIONÆI PARISI-
ENSIS PÆAN.

Illa dies, ecce illa dies sanctissima venit,
Tot votis optata diu: qua, Diua Nauarræ
Regina, æterno Regi Dominóque Deóque
Iungitur. Æliades ter Io, bona verba, triumphe
Ter geniale sonans, Reginæ dicite carmen.
Illa est, quæ toties illum dilexit Amicum:
Ille est, qui toties illam dilexit Amicam.

GERARDI DENISOTI
Nogentini ad eafdem Heroidas
forores Paræneticum.

Ἐννέα πιερίδεσσι μίαν τὼ λεσβίδα σαπφὼ
  ἀθανάταις θνητὴν οἱ πάλαι εἰσέγραφον.
τοὔνεκα μνημοσύνην φθόνος εἷλεν ἔρως τε, λέγεσθι
  ἠ δεκάτης μούσης μητέρα βουλομένω.
νῦν ὅτι κεν νύμφας ὁρόωσα βρεταννίδας, εἴποι,
  θυγατέρων ἰδίων εἰς χορὸν ἐρχομένας;
ἦ ποτε λέγοι, βασίλισσαν ἰδοῦσ᾽ ἐνὶ δώμασι κελτῶ
  μητέρα μουσάων, μητέρα μνημοσύνης;
ἦ γε μὲν ἂν γλυκερὼ δέξαιτο μητέρα, τάς τε
  νεανίδας σὺν ἑαῖς θυγατέρεσσι λάβοι.
μοῦσαι δ᾽ οὐκ ἂν ἔχοιεν ἀμείνονα πώποτε μάμμην,
  οὐδέ κασιγνήτας οὐ μελιφωνοτέρας.
πάντα δ᾽ οἱ πολεμοῦντες ἀρδμανέωντι βρεταννῶν
  καὶ κρατερῶν γαλατῶν ἡγεμόνες μάχιμοι.
μανθάνετ᾽ εἰρήνης τέχνας, παιδ᾽ δύματα θεῖα
  ὑμετέρων ἁπαλαῖς χερσὶ γραφέντ᾽ ἀλόχων·
ὑμεῖς δ᾽ ὦ κοῦραι ποιητρίδες ἀγγελόφωνοι,
  σύγγονοι ἀονιδῶν, δύ πρεπέες χάριτες,
μιμεῖσθ᾽ ἀρξάμεναι τέχνας ᾗ θεοσεβίαν
  τῆς ἀγαθῆς μητρός, μέχρι τέλους ἀνεῖτε.

MATHVR. D.O.D. ELE-
gia in obitum Margaritæ Valesiæ,
Reginæ Nauarrorum.

Flete nouam cladem miseri, iam flete parentes.
    Fœminei cecidit laüsque decüsque chori.
Arescunt herbæ, florum flos occidit: ecquis?
    Margaris auricomis æmula syderibus.
Cuius ad Eoos peruenit fama Sabæos,
    Threicias & quà Bosphorus intrat aquas.
Tundite matronæ tremulis pia pectora palmis,
    Sacrorum interpres vestra sepulta iacet.
Fundite lachrymulas pueri, innuptæ que puellæ,
    Tutricem vobis Mors inopina rapit.
Cui similem præsens, ventura nec adferet ætas:
    Margaridis nempe est gloria tanta Deæ.
Sacrarum Antistes Musarum nouit ad vnguem
    Et docuit cœlum quo peteretur, iter.
Diuini quondam quicquid cecinere prophetæ,
    Quod Paulino etiam fluxit ab ore melos,
Margaris vna suo fixit sub pectore, nullis
    Territa multorum fœmina docta minis.
Cultrix iustitiæ, viduarum sedula nutrix,
    Contempsit nostri temporis illecebras.
Ornauit Gracchos Cornelia laude perenni:
    Gallos ornauit Margaris vna suos.
Illa fuit Romæ Latiali prædita lingua:
    Hæc Latiam & Græcam Margaris excoluit.

Multorum capiet subita admiratio mentes,
    Et facient paucis carmina nostra fidem.
Scilicet huic generi ad tanta aspirare negatum:
    Esse satis dicent, ducere pensa coli.
Egregium verò dictum, dignúmque cachinno.
    Fœmina diuina lege carebit iners?
Hinc abeant, quicunque sacras contingere Musas
    Fœmineo generi non licuisse putant.
Scilicet ad cœlos cognoscere quà sit eundum,
    Esse datum cunctis, non bene iura docent.
Discito tu linguam Latialem, discito Græcam
    Virgo, nec è manibus dulce recedat opus.
Atropos ò vtinam Getica in regione fuisses,
    Seu potius longis finibus Euboicis,
Scindenti quum tu diuinum forcipe guttur
    Ausa es matronæ rumpere semideæ.
Non satis esse tibi potuit Mors cæca, potentem
    Franciscum, Gallis eripuisse suis:
Ni quoque dente tuo Vallesia nostra periret,
    Atque comes fieret fratris ad exequias?
Quid tantum Mors iuris habes? medicina dolenti
    Defuit? herbarum quicquid & orbis habet?
Non dedimus quicquid medici iussere frequentes?
    Ex Scythico gramen flumine non dedimus?
Fallor, & hæc caussa est nostræ peruersa ruinæ:
    Virtuti æternum Mors sinit orbe nihil.

Nulla manet tanto virtus ornata decore,
    Quin repetat superos (venerat vnde) lares.
Si fati ergo fuit sententia iusta supremi,
    Hoc habeat carmen, qui tegit ossa, lapis.

EPITAPHIVM.

Sydereum terris lumen mirabar ademptum.
    Nil mirum: Phœbe, Sole cadente, cadit.

MARGARITAE REG. NAV.
Tumulus per C. S.

Quando sæuit hyems, virore grato,
Et fructu, foliijque, floribúsque
Nudatur quasi mortua, arbor: at se,
Respirante Fauonio suaui,
Monstrat viuere: túncque gratiorem
Et vestem & faciem induit. Cruenta
Sic quem tempore Mors ferit statuto,
In fœdo exanimis iacet sepulchro
Tanquam mortuus. Ast vbi illa summa
Nos ad iudicium dies vocabit,
Viuet. nam melius profectò viua
Surgent corpora, quæ interim quiescunt.
Ergo Margaridem quid ipse luges
Tanquam mortua sit? caueto, fallax
Ne te errore Epicurus implicet. nam
Qui surget, moritur peritque nunquam.

In tres sorores Semorianas.

Iam non (vt Venusinus exprobrabat)
iam non Oceani vnda belluosi
Vobis obstrepit, vt prius, Britanni,
Diuisi propè gentibus Britanni:
Iam vestros Siculo migrans profundo
Dictos Parthenope sorore mersa
I luctus personat ecce terna Siren,
Iana, Margaris, Anna, tres sorores.
Quas vel non religata vis Vlyssis,
Vel remex sine fraude præteriret
Non surdus, neque cera inunctus aures.
Nec mirum: religata vis Vlyssis
Quas olim fugiebat, arte blanda
Allectos miseris modis necabant:
Hæ sic vtile miscuère dulci,
Vt non voce necare, sed iuuare
Et possint simul, & necem fugare:
A qua Margarin ecce vendicarunt.

IN EASDEM PETRVS MIRA
RIVS.

Fatidici vatis pectus, Ciceronis acumen,
Vergilij Musam, Tres hìc habuere sorores.

SPIRITVS REGINAE
ad Viatorem. C. S.

CLausus carcere corporis, dolores
    Multos sustinui grauésque languens.
Solutus modò morte, viuo liber:
    Nempe, id viuere, quo carere mors est.

EIVSDEM. C. S.

Cur tam pauci poetæ Galli, Reginam
    Nauarræ laudent.

MOrs vbi Margaridem mundo fera sustulit isto,
    Sic affata sacrum diua Minerua chorum:
Mortua Margaris est, ò vos Heliconis alumnæ,
    Carminibus natæ reddite iusta meæ.
Te tamen ò Erato excipio, Cythereia vates:
    Esse tuæ iubeo mutáque plectra lyræ.
Nam mihi, non Veneri, fuerat Regina sacrata:
    Non est lasciuis ergo canenda modis.
Vix ea finierat, subitò quum clausa poetis
    Ora fuere, suos quos Erycina tenet.
Iam quid, Margaridem taceat si Gallia, mirum?
    Octo nempe aliò nunc abiere Deæ.

PRO GALLIS POETIS
responsio per eundem.

QVis quæso, Vraniam negat, supremum
Inter Thespiades locum tenere?
Quis, cœlestia quum canit, negabit
Quotquot sunt, reliquas tacere Musas?
    Dices, sydere quamlibet corusco,
Phœbo te dare posse claritatem?
Plumbum ignobile, nobili Smaragdo
Adferet decus, atque dignitatem?
    Atqui, Margaridem, cui poëta
Nostro tempore nemo conferendus:
Illam Margaridem, perennitati
Quæ sese calamo suo sacrauit:
Illam Margaridem, beata cuius
Virtus, longè hominū est honore maior:
Nos vis carmine prædicare nostro.
    Is certè, Vraniæ obstrepet cauenti,
Solem accendere stellulis minutis
Nitetur, decus & volet Smaragdo
Plumbea dare vilitate, quisquis
Sese Margaridem suo putabit
Versu, reddere posse clariorem.

FINIS.

Le Tombeau de Marguerite de Valois ... is reproduced by permission of the British Library. The textblock of the original is 128 × 75 mm (octavo).

Readings where the copy is unclear

50.16 Damoiselle

88.1 Mille

88.4 Ailia

LE
TOMBEAV
DE MARGVERITE DE VA-
LOIS ROYNE DE NAVARRE.

❀❀

Faict premierement en Disticques Latins par les trois Sœurs
Princesses en Angleterre. Depuis traduictz en Grec, Italié,
& François par plusieurs des excellentz Poëtes de la Frāce.

Avecques plusieurs Odes, Hymnes, Cantiques, Epi-
taphes, sur le mesme subiect.

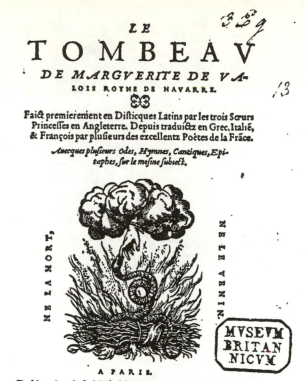

NE LA MORT,

NE LE VENIN.

MVSEVM
BRITAN
NICVM

A PARIS.

De l'imprimerie de Michel Fezandat , & Robert GranIon
au mont S. Hilaire à l'enseigne des Grans Ions, & au Palais
en la boutique de Vincent Sartenas.

1551.

AVEC PRIVILEGE DV ROY.

ROB. H𝖠IVS IN ICONEM

Margaritæ Reginæ Nauarrorum.

Ad lectorem.

NVlla vt parte sui perire posset
 Margareta: Comes reduxit illam
De busto Alsinoüs, tibique lector
Vt fruare dedit: nihil deesse
Præter verba potest: roga libellos,
Illi pro Domina sua loquentur.

A TRESILLVSTRE PRINCESSE
Madame MARGVERITE, Sœur vnique du Roy, Ducheſſe de Berry.

NICOLAS DENISOT CONTE D'ALSINOIS. S.

Qui doi-ie preſenter les vers diuins de ces trois diuines & doctes Sœurs vierges Angloiſes, ſi-non à vous, ô l'vnique Sœur de noſtre Roy treſchreſtian & vierge diuinement bien appriſe? A qui le Royal monumēt de cette Princeſſe, ſi-non à vous, ô Princeſſe plusque royalle? A qui le nom immortel de cette immortelle Marguerite, ſi-non à vous, ô Marguerite, à qui la vertu à deſia promis immortalité? C'eſt à vous doncques, à qui i'offre ce preſent, qui de ſoi-meſme à vous ſe dedie & conſacre veu qu'il eſt faict par trois illuſtres Princeſſes en Angleterre, pour vne Princeſſe de France, Princeſſe tres-illuſtre, perle & miroir de ſcauoir religió & piete entre toutes les Dames de ſon ſiecle. Ici eſt tellemēt au vif repſentée la vraie image de noſtre Marguerite, qu'on la peut dire auoir eſté morte au plus vif de ſa vie, la voiāt au iourdhuy ſi viuemēt viue apres ſa mort. Ayment doncques, Madame, ces vers diuins, ceux qui n'ont hay la diuine Royne defuncte: auſſi ne les blâmeront, ceux qui l'ont aymée & reuerée, cōme elle à touſiours eſté, & des ſiens & des eſtrangiers, hon tant pour ſa condition royalle, que pour ſon incroiable doctrine, Chreſtienne religion, & admirable piete: de ſorte que ie ne doutte point, congnoiſſant le zele de ces trois Sœurs vierges, qu'auec la memoire de la Royne morte, ne croiſſent auſſi leurs vers dignes de l'immortalité: parmy l. quelz ne ſera oublié le nom de la ſecóde Marguerite, non moins louable que la premiere.

'A Paris ce. 25. Mars. 1551.

A ii

AVX AVTEVRS DES
Epitaphes de la Royne
de Nauarre.

SONET.

Noz pleurs, noz maulx, noz regretz, & noz
  plainctes
    Ia par le temps venoyent a s'alentir
    Quand de rechef, nous aues faict sentir
    Le plus aigu de leurs fieres attaintes.
Vous donnés vie aux personnes estaintes,
    Les contraignant de leur Tombe sortir,
    Puis leur venez, aultre cercueil bastir,
    Dessus lequel mille vies sont painctes.
Desia deux fois soubz la terre mettons
    Nostre Princesse, & deux fois regrettons
    Celles vertuz, que le Ciel a rauyes,
Mais vous aues en voz vers tel pouuoir
    Qu'en son Tumbeau viue la faictes veoir
    Et par sa Mort, multipliez ses vies.

P. G. T.

AMES DAMES, MES DAMES
Anne, Marguerite, & Iane de Seymour Seurs,
illuſtres Princeſſes au païs d'Angleterre:
Le Seigneur des Eſſars N. de Herberay, baiſe les mains de leurs Sei-
gneuries & magni-
ficence.

*

E penſe bien, mes Dames illuſtres,
que vous n'aurez dóné pluſtoſt fin
à la lecture de ce commencement,
que vous ne vous eſmerueilléz qui
pourra eſtre ceſtuy tant incógneu,
qui vous aura auancé la peine d'em
ploier les yeux de voz eſpritz diuins a regarder & lire choſe tát mal
digerée, pour vous eſtre offerte : e-
ſtant certain que ſi la perſonne de
luy, a peu frequêté voſtre Angleterre: que moins y a encores
volé ſa renommée, ne choſe qui vous ayt peu apporter aucun
teſmoignaige du bien qu'il vous ſouhaite & deſire : Scauez
vous quel? Ie le vous diray maintenant, mes Dames, pourueu
que ſuppliant au deffault, de ce que ie ne puis, vous prenez en
ſatiſfation la bonne volunté que i'ay en vous, & l'honneur
que ie vous dedie & preſente, cóme aux trois plus excellentes
Princeſſes que oncquesvoſtre Iſle d'Albion ſceut produire. &
par leſquelles elle a bien raiſon de s'eſtimer autant ou plus
que feit autresfois la Grece, lors qu'elle contendit (au temps
de Silla) enuers les Romains, pour auoir nourry vingt Dames, tant ſcauantes, que non ſeullement elles s'eſgalleret à
vingt autres Romaines, doctes entre les plus recommandées,
ains apres auoir longuement diſputé contre elles, emporte-
rent (par iugemét) l'hóneur d'auoir eſté plus graues en leurs
ſentences, que leurs parties aduerſes ne s'eſtoient monſtrées
eloquentes, en leur long parler. Et croy que ſi telles ſcauan-

A iij

tes femmes euſſent eſté voz contéporaines pour veoir les cēt
Diſticques que vous auez faictz nagueres ſi latins, honorant,
& la mort, & la ſepulture de la Royne dc Nauarre : qu'elles
quarante vous euſſent preſenté les couronnes de Laurier, qui
leur furent acquiſes par le decret du Senat , Car vous auez ſi
bien, ſi veritablement, & tant doctemēt eſcript d'elle, que ſon
eſprit doibt perdre l'enuie que conceut en ſoy le grand Mo-
narque, lors qu'il viſita le tūbeau d'Achille, qu'Homere fai-
ſoit ſi haultement tonner . Et vous quoy ? les deux cens vers
que voz Muſes ont chanté, & en chantant lamenté l'unicque
Marguerite Royne, ſont congnoiſtre aux viuans, & renou-
uelleront ſi parfaictement a la poſterité la grandeur & merite d'elle, qu'il ne luy eſt beſoing (apres vous) pour la faire re
uiure, ny de Saphō, ny de Caſſandre, encores moīs de Cornē-
lie, ny de Lilie Sabine, car nulle d'elles (pour vieilles qu'elle)
fuſt) ne dōna iamais attaīte (cōme ie pēſe) au Trophée ou voʒ
autres trois (mes Dames ſi ieunes d'aage) auez attaché les deſ
pouilles, dont vous triumphez en ſcauoir par deſſus elles , &
autres infinies qui leur ont ſuccedé, iuſques au tēps de ce ſiecle heureux, qui nous auoit produict celle que voſtre plume
dorée a ſceu tant bien depeindre , celle qui (a bien parler) e-
ſtoit la lumiere & le but de toute dame genereuſe, & illuſtre,
celle qui veritablement s'eſt peu nommer l'unicque Margue
rite , l'Orient de laquelle brille encores ſi parfaictement es
yeulx des perſonnes ou la vertu eſt familiere, que leurs cœurs
& eſpritz en recoiuent plaiſir & diuin contentement, & dont
vous meſmes (Princeſſes illuſtres) deuez eſtre plus glorieuſes
que de nulle autre bonne fortune qui vous aduint oncques,
ayant par voſtre bien-dire heureuſement collocqué celle dōt
le ciel ſa repute maintenant embelly, pour ioir de ce que nagueres la terre poſſedoit, & dont elle ſe tient encores treſcō-
tente & decorée pour luy eſtre demeuré le moindre de ce que
les viuans appelloient ſon plus, qui eſt ſon corps (lequel noſtre France a en telle reuerēce, qu'elle admire ſon cercueil a-
uec plus ceremonieuſe facon, que ne fut oncques regardé le
Mauſolce ny autre ſepulture des Egyptiens, Eſtimez donc
(mes Dames) cōme peuuent auoir eſté bié receuz entre nous
les louenges que vous chantez d'elle, veu que ſi toſt qu'elles
ont eſté communicquées a ceulx auſquelz le bien parler &
                                                    mieulx

mieulx efcripre eft donné des cieux, plufieurs les ont redui-
ctes en Grec, autres en Italien, & vne infinité en noftre lágue
diferte, & le tout fi bien, & proprement: que fi la matricule &
fource de l'inuention ne feuft procedée de vous, le moins ef-
cripuant d'eulx, fe feuft eftimé digne des armes de Minerue.
Mais vous les leur arrachéz des poingz, auec telle & fi gráde
reputatió, qu'a bó droict on peult dire de vous trois, ce qui fe
trouue auoir efté efcript en l'une des epiftres de Phalaris le
Tirã, parlát de Polichrate. Polichrate (dict il) fille de Pitago-
re feut ieune, belle, faige, docte, de bône grace, & fi honnefte
en conuerfatió que lon n'auoit en moindre eftime les propos
qu'elle tenoit deuifant en priué, q̃ la philofophie que fon pe
re enfeignoit publicquemét: Eftãs dócques (mes Dames) par
uenues a ce degré, tant par le doux & fauorable inftinct duquel Nature vous a douées, en vous faifant bien naiftre, &
qu'elle promect continuér de biẽ en mieux : Iufques a la per-
fection de la vie, qui vous eft préordonnée de Dieu le createur: ie ne faiche (vous mourans) epitaphe dõt on puiffe plus
condignemẽt aorner voftre fepulture, (prenant le fubiect
de celle qui fut mife fur le tumbeau d'Arethe, fille d'Ariftip-
pe) qu'on die de vous trois enfemble, CY DESSOUBZ RE-
POSENT LES CENDRES D'ANNE, MARGUERITE,
ET IANE, LUMIERE ET L'HONNEUR DES DAMES
D'ANGLETERRE, QUI EURENT EN ELLES LA BE-
AULTE D'HELENE, L'HONNESTETE DE THIRME,
L'ESPRIT DE SOCRATE, LA LANGUE D'HOMERE,
ET LE BIEN-ESCRIPRE DE CRANNE LEUR PRE-
CEPTEUR, Puis qu'ainfi eft (mes Dames illuftres) Voyez, ie
vous prie, fi noftre France dict bien de vous? fi elle vous tient
a peu? & confiderez le debuoir auquel fe font mis partie non
feullement des hómes doctes qu'elle nourrift, mais auffi des
dames (qui imitãt l'anticque vertu) font auiourdhuy proff-
fion des bónes lettres. Voyez le plaifir que l'un & l'autre ont
prins a diuerfifier voz facréz vers latins, tant bien eflabouréz
& polliz, les rendans en tant de diuerfes langues, & fi docte-
mẽt. Mais voullez vous veoir encores plus? Venez vous-mef-
mes, Dames illuftres, pour le biẽ que ie vous veux: Venez vi-
fiter l'heureufe fepulture que les fleurs de poëfie ont tant ho
norée, la fepulture heureufe de l'unique MARGUERITE,

A iiij

qui n'ayant eſté ſecõde à nulle, à eſté dicte Sœur du plus grãd
Roy du mõde, & Tante de celluy, la renõmée duquel à deſia
circuy toute la terre. Venez donc venez, & n'ayez crainte que
l' Ocean qui fait barriere entre nous & vous , vous porte de-
faueur, car il n'y aura onde, ni vent doux ou tempeſtueux, qui
ne ſe rende propice a vous cõduyre & guider, pour veoir par
deſa deux Princeſſes, eſquelles reluiſt encores l'Idée, que tãt
vous exaltéz , dont l'une d'icelle eſt Madame Marguerite,
Sœur de noſtre grãd Roy, pour ſeruir laquelle, les Muſes ont
de long temps abandonné Pinde, ſe rendãtz enuers elle fami-
lieres & domeſtiques . L'autre Madame la Princeſſe de Nauarre, en laquelle la vertu, bonté, prudéce & douceur de Madame ſa mere renaiſſent, & renouët ſi naturellement, que ou-
ſté le grand aage de l'une, l'aultre luy eſt du tout ſemblable.
Pour voir dõc ces deux Soleilz, & mille aultres eſtoilles eſtin
celantes qui les ſuyuent & accompaignent; acheminéz vous,
mes Dames, & vous haſtéz, ã la Mort, couſtumiere d'eſtein-
dre toſt, ce que nature produiſt tard de plus excellent pour ſa
gloire, ne vous preuienne: aſſeuré ſi venez a temps, que vous
verres choſes admirables infuſes en elles par vng ſecret mer-
ueilleux, ne ſentans rien en leur moins, que la Royauté, dont
receurez le plus grand bien & hõneur que vous ſcauriez ſou-
haitter : ſaichant aſſez que plus vous eſt acquerir gloire qui
proffite à voſtre eſprit & renommée, que ſi tous les pais dont
iouiſſoit Semyramis vous eſtoient tumbez en proye . De
Eſſars, ce 22. Feburier,   1 5 5 0,

Aux trois Sœurs, Anne, Marguerite, Iane de Seymour, Princesses Angloises, Ode par Pierre de Ronsard Vandomois.

᳁

Le Conte d'Alsinois au Lecteur.

Amy Lecteur, ie t'ay bien voulu faire quelques petites annotatiõs sur les Odes de Ronsard, te promettant continuer a l'auenir sur toutes ses œuures, affin de te soulagier de peine: i'entens à toi qui n'as encor long temps versé à la leçon des Poëtes.

Vand les filles d'Achelois, ✳
La fable Secilienne,
Qui foullerent de leurs voix
La douceur Hymettienne †
Virent iaunir la toison,
Et les Soudards de Iason
Ramer la Barque parlante †
Pres de leur gyron volante:

Elles d'ordre flanc à flanc
Oisiues au front des ondes,
D'un peigne d'yuoire blanc
Friserent leurs tresses blondes,

✳Les Serenes lesquelles sont par les poëtes chantées entre les fables de Secile.
† Le miel.
✳La nauire de Iason qui parloit & predisoit les fortunes des Argonautes Apolloine.

ODE.

Et mignotant de leurs yeux
Les attraiz delicieux,
D'ung oeillade languissante
Guetterent la Nef passante.

Puis soupirerent vn chant
De leur gorges nompareilles,
Par douce force allechant
Les plus gaillardes oreilles,
Affin que le son pippeur
Fraudast l'honneste labeur
Des Heroës † de la Grece
Amorcéz de leur caresse.

† Des Preux
Argonautes

Ia ces Demydieux estoient
Prestz de tumber en seruage,
Et ia dontéz se iettoient
Dans la prison du riuage:
Sans Orphée, qui soudain
Prenant son luc en la main,
Oppose contre elles ioüe
Loing des autres, sur la proüe:

Affin que le contreson
De sa repoussante lyre
Perdist au vent leur chanson
Premier qu'entrer au Nauire,

Et

Et qu'il tiraſt du danger
Ce ieune peuplɇ eſtranger,
Qui deuoit par la Lybie
Porter ſa merɇ *affoiblie.

Mais ſi le Harpeur fameux
Ouyoit le luc des Serenes
Qui ſonnɇ aux bordz écumeux
Sur les Angloiſes arènes:
Son luc payen il fendroit,
Et diſciple ſe rendroit
Deſſous leur chanſon Chreſtiène
Dont la voix paſſe la ſienne.

Car luy enflé de vains motz
Deuiſoit a-l'auanture,
Ou des membres du Chaos, *
Ou du ſein de la nature:
Mais ces Vierges chantent mieux
Le vray Manouurier des cieux,
Noſtre demeurɇ eternelle,
Et ceulx qui viuent en elle.

Las, ce qu'on voit de mondain
Iamais ferme ne ſe fonde,
Ains fuit & refuit ſoudain
Comme le branle d'ung onde,

*Les Argo-
nautes arre
ſtéz dedãs le
Syrte Lybiɇ,
furɇt admõ
neſtés en ſõ
ge par quel-
que Nym-
phe, de por-
ter leur me-
re affoiblie
de tant de
maulx par
les deſers de
l'Aphrique,
iuſques au
lac Triton.
Leur mere,
c'eſtoit leur
Nauire qui
p̃mierement
les auoit por
tés en ſõ vê-
tre de Theſ-
ſalie iuſques
en Colchos.
Apolloine 3.

*Orphée cõ
poſa vn liure
de la genea
logie des
Dieux com
me il teſmoi
gne lui-meſ
me au pre-
mier de ſes
Argonau-
tes.

Qui ne cesse de rouller,
De s'auancer & couller,
Tant que rampant il arriue
D'un grand heurt contre sa riue:

La Science au parauant
Si long temps orientale,
Peu a peu marchant auant
S'apparoist occidentale:
Et sans iamais se borner
Ell'n'à cessé de tourner,
Tant qu'elle soit paruenue
A l'autre riue incognue.

Là, de son graue souci
Vint affoller le courage
De ces troys Vierges icy,
Les trois seules de nostre aage:
Et si-bien les sçeut tenter,
Qu'ores on les ois chanter
Maint vers iumeau qui surmonté
Les nostres rouges de honte.

Par vous, Vierges de renom,
Vrais peintres de la Memoire,
Des aultres Vierges le nom
Sera cler en vostre gloire.

Et

Et puis que le ciel benin
Au doux sexe feminin
Fait naistre chose si rare
D'vn lieu iadis tant barbare.

Denisot * se vantg heuré
D'auoir oublyé sa terre
Quelquesfois, & demeuré
Trois ans en vostrg Angleterre,
Depres voyant le Soleil
Quant il se panchg au sommeil *
Plonger au seing de vostrg onde
La Lampe de tout le monde.

Voirg & d'auoir quelquesfois
Tant leué sa petitesse,
Que soubz l'outil de sa voix
Il pollist vostre hautesse:
Vous ouurant les beaux secretz
Des vieux Latins & des Grecz,
Dont l'honneur se renouuelle
Par vostre Muse nouuelle.

Doncques puis que les espritz
D'Angleterrg & de la France,
Bandez d'vne ligug, ont pris
Le fer contre l'Ignorance:

*Le Conte
D'Alsinois
autresfois
precepteur
de ces trois
Dames.

*Ce passa-
ge se doibt
entendre cô-
me on dit à
sensu cômuni
car a la veri
té le Soleil
ne tûbe pas
(côme il est
veu tûber)
dans la mer
d'Angleter-
re mais en
celle d'Es-
paigne.
STACE. So-
lisque cubi-
lia Gades.

Et que noz Roys se sont faictz
D'ennemys, amys parfaictz,
Tuans la guerre cruelle
Par vne paix mutuelle.

Auienne qu'vne de vous
Nouant *la mer passagere, *
Se ioigne à quelqu'vn de nous
Par vne nopce estrangere:
Lors voz escriptz auancéz
Se voiront recompenséz
D'vne aultre Ode mieux sonnée
Qui crîra vostre Hymenée

*Car il les
appelle Sere-
nes.
* Passagere
pour passa-
ble l'actif
pour le pas-
sif.

ILLVSTRISS. HEROI-
dibus puellis Annæ, Margaritæ, Ianæ, Semorianis
Sororibus.

COMES ALSINOVS.

Tempore quo verni radiãtia lumina Solis
Vndique multiplici prata colore nouant:
Ecce oblata mihi vernantia disticha centum,
Alterna docte disticha scripta manu.
Tunc subiisse meos omnes noua gaudia sensus
Credite, & immemorem penè fuisse mei.

O quoties sunt lecta mihi, quotiésque relecta!
　　Lecta tenent animum , sæpe relecta trahunt.
Tres mactæ tribus ingeniis, sacra carmina vobis
　　Digna magis, quanuis hæc quoque sacra sonent.
Pergite Semorides sub Apolline scribere Christo
　　Dum vestræ ætatis flos tener iste viget.
Et sacram vestro capiti iam nectite laurum,
　　Quam nequeant vobis diminuisse dies.

TRADVCTION DE L'EPIGRAM-
me precedent du Conte d'Alsinois

L'An de l'Astre gouuerneur
　　Pour esiouir la Nature
　　Faisoit reuerdir l'honneur
　　De sa diuerse peinture:

Et voici deux fois cent vers
　　D octement escris ie treuue
　　Dont les ornementz diuers
　　Immitent la saison neuue.

A-lors vn nouueau plaisir
　　Qui a les voir me conuie,
　　En les voiant, vint saisir
　　Mon ame presque rauie

O combien de fois i'ay leü
  Ces vers, & releu encores!
  Leuz & releuz ilz m'ont pleu,
  Et releuz, ie les adore.

Couragé, ô les trois espris!
  Les vers Chrestiens vous conuiennent,
  Aussi voz diuins escris
  Autre chose ne contiennent.

CHRIST, ô filles de SEYMEVR,
  Pour Apollon il faut prendre,
  Or que vostre aage non meur
  A la fleur encore tendre.

Ceignéz vostre front sçauant
  D'vng immortelle couronne,
  Qui vostre bruit suruiuant
  Malgré le temps enuironne.

EXTRAICT DV PRIVILEGE.

LE ROY a permis & permect à Nicolas Denisot Conte
d'Alsinois faire imprimer & exposer en vente ce liure
intitulé LE TOMBEAV DE MARGVERITE DE
VALOIS Royne de Nauarre: defendant à tous aultres li-
braires & imprimeurs ne l'imprimer ne exposer en vente dedans quatre ans, sans le consentement dudict Denisot:
sur peine de confiscation de ceux qui autrement seroient im-
priméz, & d'amende arbitraire: côme appert par lettres pa-
tentes du Roy.   Signées De L aubespine.

LES CENT DISTIQVES

des trois Seurs, ANNE, MARGVERITE,
IANE, *tresnobles, tresillustres, tresça-*
uantes Dames Angloises. Sur le
trespas de l'incomparable
MARGVERITE *Royne*
de Nauarre.

ANNA   I.

 AE c sacra reginę cineres tegit vrna Nauarræ:
Vrna tegēs tenui grāde cadauer humo.

I. A'υρατῦ.

Λείψανα κάλπις ἔχει βασιλίασης ἥδε Ναβάρρης,
Κάλπις ἔχυσα νέκυω γῆ μέγαν ἐιν ὀλίγη.

I. P. D. M.

Questa vrna sacra le cineri copre
D'una Regina di Nauarra, e serra
Vn corpo grāde in vn poco di terra,
Ma'l ciel possede lo Spirto, e le sue opre.

I. D. B. A.

Ce sainct Tumbeau cachę ici
Les cendres de MARGVERITE:

B

Vn grand corps se couure ainsi
D'vne terre bien petite.

Dam. A. D. L.

En ce sainct lieu sont enclos
Et les cendres & les ôs
De la Royne MARGVERITE:
O lieu sacré qui comprent
Vn corps mort, toutesfois grand,
En terre par trop petite!

Le Conte d'Alsinois.

Ce sainct vase que voici
De cette grand' Royne enserre
Les grands ôs cachés ici
Sous vn bien petit de terre.

Autrement par lui-mesme.

Ce sainct vase clost & serre
Vn grand corps en peu de terre.

I. Antoine de Baïf.

D'vne Royne sont compris
Les ôs dessous cette pierre:
Pierre, qui en peu de terre
Comprend vn corps de grand pris.

MAR-

MARGARITA 2.

Regina hîc, qua non alia est, vel nomine maior,
   Vel pietate prior: MARGARIS alma iacet.

I. Ἀυρατῦ.

Η βασιλὶς τῆς ὄχ ἐτέρη μῆτ᾽ ὄνομα μεῖζον,
Μηδλέτ᾽ ἄρ ἐυσεβίω, Μαργαρὶς ὧδ᾽ ἐτάθη.

I. P. D. M.

Qui giace la Regina MARGARITA,
  Grande di nome, e si grande di Fama
  Ch᾽ allei nulla si troua simil Dama,
Ne᾽n Pietate maggior hoggi s᾽addita.

I. D. B. A.

I ci la Mort a donté
  D᾽Vne grand᾽ Royne la vie:
Qui d᾽honneur & de bonté
  Auoit la palme rauie.

Le Conte d᾽Alsinois.

La Royne la nompareille
  En renon & sainčteté,
  Et premiere en pieté:
MARGVERITE icy sommeille.

IANA 3.

MARGARIS alma iacet, sed corpore: méte, nec olim
   Dum vixit iacuit, luce nec orba iacet.

DISTIQVES

I. Ἀυρατῦ.

Μαργαρὶς ἀθάσδε κεῖ᾿ ὅσον Δέμας, ἀλλὰ νόημα
Ζώσης ὲ πρὶν ἔκειτ᾿, ὖτ᾿ ἄρα κεῖτ᾿ ἔλπω.

I. P. D. M.

La Regina MARGARETA qui giace,
   Intendi il corpo' che dapoi che nacque
   Lo suo gentil spirto vnguanco non gacque,
   Ne giace quella ch' è'n eterna pace.

I. D. B. A

La grand'Royne est morte au corps,
   Non en l'esprit, qui n'est ores
   Gisant au nombre des mortz,
   Mais vif comme il fut encores.

Le Conte d'Alsinois.

MARGVERITE icy sommeille
   Quant au corps, & repos a:
   L'esprit incessamment veille
   Qui oncques ne reposa.

ANNA 4.

Diuini vates, versus, non busta parate
   Queis sita MARGARIDOS molliter ossa cubet.

I. Ἀυρατῦ.

Θέιοι ἀοιδιοπόλοι μέλη ὲ μνημεῖα πονεῖτε,
   Ὅις ἔνι Μαργαρίδῷ λεί.ψανα παῦλαι ἔχοι.

I. P. D. M.

I. P. D. M.

S pirti infiammati, e diuini Poeti
A cconciate bei versi, col stil bello
E non l'essequie e quello grande Auello,
O ue sian sempre l'ossa sue quieti.

I. D. B. A.

L aißés des mortz l'appareil
D es vers sans plus on compose
P our adoucir le sommeil
D e la Royne qui repose.

Le Conte d'Alsinois.

S ainēts poetes composez
V oz vers diuins seulement
D ans lesquelz ses ôs posez
R eposeront mollement.

MARGARITA 5.

Carminibus quicunque valent, cantúq; poetæ,
MARGARIDEM cátu, carminibúsq; sonēt.

I. Ἀυρατȣ.

Ὅσοις μȣσοπόλων μελέεσι κỳ ἄσμασι θάρσος,
Ἄσμασι Μαργαρίδα κλείέᾖε, κỳ μέλεσι.

I. P. D. M.

C hiunque sapra far leggiadri versi,
V enga a cantargli, e traher dalla tomba:

B iii

Di Margareta il nom, con chiara tromba
Per poi bandirlo in paeſi diuerſi.

I. D. B. A.

Vienne quiconques le pris
   Des vers, & chanſons merite
   Par chanſons, & par eſcris
   Louer ceſte MARGVERITE.

Le Comte d'Alſinois.

Vous poëtes qui pouéz
   Et en vers & en chanſons:
   Enſemblé en vers & en ſons
   La MARGVERITE *louéz.*

IANA 6.

Quæ super egreſſa eſt ſexus mētémq;, modúque
Regina (heu) periit, ſi periiſſe poteſt.

I. AVΡΑΤΫ.

Η᾿ περὶ ὖσα Φύηντε κỳ ἦτορ Θηλυτεράων
   Η᾿ βασιλὶς Θάνε, Φδῖ᾿ εἴγε Θανεῖμ δωάται.

I. P. D. M.

Quella che nel ſuo dir, vince, ogni dire:
   Ogni ſpirto feminil, o virile,
   E tiamdio ogni portamento gentile,
   Oime, hor è morta, s'ella po morire.

I. D. B. A.

I. D. B. A.

C elle qui le cœur eut fort
P lus que son sexe ne porte,
(Las)elle' a senti la Mort,
S i elle peut estre morte.

I. Anto. de Baïf.

H elas celle Royne est morte
(S i mourir elle pouuoit)
Q ui plus de graces auoit
Q ue nul' autre de sa sorte.

ANNA   7.

C orpus humum, sed mens cœlum : quod auebat
   vtrunque
I am tenet:antiquis gaudet vtrunque locis.

I. Αὐρατȣ.

Γιω νεκρὸς, αὐ τὰρ ὄλυμπον ὁ νȣς ἔχει·ῆς ἔραζ πρὶν
Ἀμφότερ, ἀρχεγόνη χώρη ἀγαλλόμȣα.

I. P. D. M.

L a terra il Corpo, è lo Spirto possede
I l Ciel, che tanto è dallo Spirto amato
Q uanto la terra è dal Corpo bramato:
M' ambidul vanno alla sua antiqua sede.

I. D. B. A.

L e corps de terre' est couuert,
L'aine est au ciel:a cette heure
                           B iiij

A l'vn & l'autrę est ouuert
Le vrai lieu de sa demeure.

I. Anto. de Baïf.

L' amę au ciel, le corps en terre
Vont châcun au vouloir sien:
Châcun a son plaisir erre
Vers son païs ancien.

MARGARITA.   8.

Idem Reginæ cineres, atque ossa Nauarræ:
  Non idem claudit Spémque Fidémque lapis.

I. Ἀυρατῦ.

Ἀυτὸς ἀνάσης τέφρạν ἰδῖ ὀσέα κộ᷆.θε Ναβά῾ρͅης,
ἤυκ ẵυτὸς πίσιν κ᷀ ἐλπίδα κộ᷆.θε λίạϑ⊙.

I. P. D. M.

D' un medesmo sasso sono serrati
  Della Regina le cineri, e l'ossa:
Ma non sono in questa medesma fossa
  La sua Speme, e la sua Fede, inserrati.

I. D. B. A.

Dessous mesme lamę enclos
Ici ne font demeurance
De MARGVERITE les ôs
Sa Foy & son Esperance.

Le Conte d'Alfinois.

M esme tumbe dedans soy
C lost & ses ôs & sa peau:
M ais non vn mesme tumbeau
S on Esperance & sa Foy.

I. Anto. de Baïf.

D e cette Royne, vne pierre
L a pouldre & les ôs en soy
E nclost bien: mais ell' n'enserre
S on Esperance & sa Foy.

IANA 9.

Quicquid ab AETERNO potuit mortalib⁹ vsquã
Esse boni, aut sancti MARGARIS obtinuit.

I. Ἀυρατȣ.

Γ̃αν ὅσον δϛὶ βροτοῖσι λαχεῖν παρ ἀει γερέταο
Η ᾽γαθȣ̃ ἠ ἁγίυ, Μαργαρὶς ἐξέλαχεν.

I. P. D. M.

C iò che dar po la Maiestà diuina
A noi mortali ò sia santo,ò sia bono,
Tutto quel l'eterna Bontade donò
Alla nobil Margareta Regina.

I. D. B. A.

Tout le bien & la vertu
Q ui du ciel en terre abonde

MARGVERITE *l'auoit eu*
S'il en fut onc en ce monde.

Le Conte d'Alſinois.

Tout le vray bien de l'eſprit
    Que L'ETERNEL *aux ſiens donne,*
La Royne ſainctement bonne
En ce monde le comprît.

ANNA   10.

Illa bono, & ſancto toties operata, bonóque
    Et ſancto fruitur, perfruitúrque DEO.

I. ΑΥΡΑΤΫ.

Η᾿ ἀγαθῷ θ᾿ ἀγίωτε τόσ᾿ ῶιξαμένη, ἀγαθῦτε
    Η᾿ δ᾿ ἀγίῦ τύχε νυῶ, κ᾿ εἰς ᷒ὸυ ἅπαντα χρόνου.

I. P. D. M.

Quella che fece e buona, e ſanta coſa,
    Onde laſciò qua giu cotante lode,
Hor del buon, e ſancto, la ſu ſi gode,
E di Dio gode, e preſſo lui ripoſa.

I. D. B. A.

Celle qui de ſainteté
    Et de bonté fut ornée:
Au ſein de la Deité
Sainte & bonne eſt retournée.

                                        Le

Le Conte d'Alſinois.

Elle eut de ſon DIEV *le don*
  De bien, & ſainctement viure:
C'eſt ce qui la faict reuiure
  En ſon DIEV *ſainctement bon.*

MARGARITA II.

Reginæ,in terris quicquid Sol lumine luſtrat,
  Quicquid & Oceanus proluit,eſt tumulus.

I. Αὐρατȣ͂.

Πᾶν ὅσον ἥελιος κατὰ γλῶ περίτ᾽ ἀμφίτε λάμπ᾽,
  Πᾶν θ᾽ὅσον ὠκεανὸς, σῆμα σὸν ὦ βασιλίς.

I. P. D. M.

Cio ch᾽,il Pianeta che diſtingue l'hore,
  A lluma e cinge,e cio ch᾽ il gran Mar laua,
  Tutto quel è la ſepoltura caua
  Della Regina,Regina d'honore.

I. D. B. A.

Tout ce que decœuure l'oeil
  Du Soleil,tout ce que mouille
L'Ocean,eſt le cercueil
  De la Royale depouille.

I. Anto. de Baïf.

Ce que le Soleil entourne
  De ſon feu, la Mer de l'eau.

Sur la terre:cela bourne
De la Royne le tumbeau.

Le Conte d'Alſinois.

Tout ce que baigne la mer,
Par tout ou le Soleil tumbe:
Tout cela ſe doit nommer
De cette Royne la tumbe.

IANA 12.

Non hæc Reginam claudit breuis vrna Nauarrę:
Claudere Reginam tam breuis vrna nequit.

I. Ἀυρατȣ̆.

Ȣ̓ βασιλιασαν ἔχει κϱόασ⊙ βϱαχυς ὧδε Ναβάϱϱης,
Πῶς γὰϱ σ' ὦ βασιλίς κϱόασος ἂν εἶχε βϱαχὺς;

I. P. D. M.

Non po,nó queſta vrna picchiol ſerrare
Di queſta grande Regina,l'altezza:
Non po di queſta vrna la picchiolezza
Vna ſi grande Regina abbracciare.

I. D. B. A.

Deſſous ce tumbeau ſi bas
MARGVERITE n'eſt encloſe,
Si petit tumbeau n'eſt pas
Capable de ſi grand choſe.

Le

Le Conte d'Alsinois.

En ce vase si estroit
La Royne n'est pas enclose:
Vne si estroitte chose
Telle Royne ne tiendroit.

ANNA   13.

Fœlix, quæ SPONSO vigilans veniéte reperta eſt
Lampada non oleo deficiente ſuam.

I. Αὐρατῦ.

Ολβίη ἤ νύμφυ προσιόντ۞ ἄγρυπνος ἁλῦC,
Λαμπάδος ἧς ὕσης ὔπόϊ ἐλαιολιπῦς.

I. P. D. M.

O quatro volte, e tre felice quella:
Che dal Spoſo è trouata viggilante
Con la ſua lampa, piu che l'altre ardente:
D' olio piu colma, è oltre le belle bella.

I. D. B. A.

Bien-heureuſe eſt cette-ci,
A veiller accouſtumée,
L'ESPOVX la trouua ainſi
Aiant ſa lampe allumée

I. Anto. de Baif.

Heureuſe qui fut trouuée
Debout, ſa lampe tenant

Pleine d'huile a l'arriuée
De L'ESPOVSE suruenant.

MARGARITA   14.

Aduentus Christi donec tuba nunciet horam
Qua licitum rursus sit rediisse, iacet.

I. ΑΥ̓ΡΑΤΫ.

Τῆς χϱιϛ̃ ϖϱοσόδϕ μέχϱις ὗ σάλπιγξ φανῆ ὥϱιω,
Ἢ πάλιμ ἔϛ᾽ ἀποδῖ Ϙ τυμβόϑεν, ὧδε μένει.

I. P. D. M.

Deon ci l'ossa, e le polue albergare
Insinio ch' annontia la tromba al mondo
Di Christo l'horribil venir secondo,
Che qui ci fara anchora ritornare.

I. D. B. A.

Ci gist pour en retourner
Celle qui attend le signe
Que DIEV nous fera corner
Par l'Angelique buccine.

Le Conte d'Alsinois.

En terre elle est detenue,
Mais elle retournera
Quant la Trompe cornera
De IESVCHRIST la venue.

IANA 15.

P erfoſſus paries non eſt, vigil illa latronum
V ſque ſibi inſidias cauerat, vſque ſuis.

I. Αὐρατȣ.

Τᾶχ῀ ὀρωφύχθη τῆσδ῀ ȣͅκ· κεῖνη γὸ ϲιέδϼϙϛ
Κλωπῶϻ, ἀιὲϻ ἑρῖ πρȣ̃φυγεϻ, ἀιὲϻ ἑοῖς.

I. P. D. M.

I l ſuo muro non fu mai pertugiato:
P erò ſolea gli ſuoi perfetti amici,
E ſe ſteſſa, guardar da ſuoi nemici,
E d'ogni ladroneſco, è ſcuro aguato.

I. D. B. A.

S on paroy ne fut deſtruict,
A uſſi l'embuche veillante
D es larrons qui vont de nuict
N e la trouua ſommeillante.

I. Anto. de Baïf.

O n n'ouurit point ſon paroy,
E lle qui veillante eſtoit,
D es larrons bien ſe guettoit
E t pour les ſiens & pour ſoy.

ANNA 16.

M argaridis tumulo ſi non bona verba preceris
V el Chriſti ignarus vel malè gratus homo es.

DISTIQVES

I. Αὐρατῦ.

Εἰ μὴ Μαργαρίδῷ τύμβῳ ὕπερ ᠔ιφημήσῃς,
Χριστῦ ἀνὴρ ἀμαθὴς, ἢ ἀχάρισῷ ἔσῃ.

I. P. D. M.

Se non fai in su questa Sepoltura
Preghiere honeste, e buone, e caste, e sante,
Io dirò che sei di Christo ignorante,
O ver ingrato, ouer di pasta dura.

I. P. D. M.

Si tu ne fais viateur
A ce tumbeau reuerance:
Tu es ingrat ou autheur
D'une infidele ignorance.

I. Anto. de Baif.

Si fichant ici tes pas
Tu ne benis MARGVERITE:
Tu mesconnois son merite,
Ou CHRIST tu ne connois pas.

MARGARITA. 17.

Si quæ I pura de relligione, fidéque
Promeruit laudem: MARGARIS illa fuit.

I. Αὐρατῦ.

Εἴ τις ἀπ᠔ εὐσεβίης καθαρῆς κỳ πίσιος, ἐθλῶ
Εὑρατό πὺ Φημίω, Μαργαρὶς ἥδε πέλει.

I. P. D. N.

I. P. D. M.

S'aulcuna merita d'esser lodata
 P er la Fe di Christo, e per la pietate
 C' habber si debbe a l'eterna bontate,
 C ostei fra tutte esser debbe pregiata.

I. D. B. A.

Si pour nostre verité
 Louange à quelqu'vn on donne:
 MARGVERITE a merité
 Q ue le pris on luy ordonne.

I. Anto. de Baïf.

Si deuant DIEV aucune alla
 M eritant louange immortelle
 P our estre deuote & fidelle:
 MARGVERITE. estoit celle la.

IANA 18.

Hîc, cui nostra parem, prisci neque temporis'ętas,
 N ec similem cernent secla futura, iacet.

I. Αυρατȣ.

Εν θάδ', ἤ ȣτ' ἴσlω ἢ νυῦ γενέητε κỳ ἡ πρίμ,
Οȣτ' ἰκελlω βλέψει ὑς μετόπιθε, τάφη.

I. P. D. M.

Qui, quella Regina giace, e riposa,
 A cui non vedra par lo secol nostro

C

Ne'l futur,ni quel ch' insegna l'inchiostro
O d'in stil legato,od in sciolta prosa.

I.D.B. A

C elle, a qui n'ont, & n'ont eu,
E t n'auront point la pareille
L es temps amys de vertu,
D essous ce tumbeau sommeille.

I. Anto. de Baïf.

E n ce lieu celle sommeille
D e qui les siecles qui furent,
S ont, & seront, iamais n'eurent,
N'ont, n'i n'auront la pareille.

Le Conte d'Alsinois.

L e passé, ne le futur,
N e le siecle qui est ores,
N'eut, n'aura, & n'a cest heur
D e voir telle Royne encores.

ANNA 19.

S i moritur corpus, non gloria, nomē, honórque,
N èc moritur quicquid sancta poësis habet.

I. Ἀυϱατϗ.

Εἰ ϑνήτϱμ ϑλέμας ἐσ᾽ ἀλλ᾽ ὖ κλέϴ, ἄνομα, κῦϑϴ,
Ὀυϑ᾽ ἄϱὰ ϑνήτϱμ,ὅσομ πότι᾽ ἔχει θιεπίη.

I.P.D.M.

DES TROIS SEVRS.

I. P. D. M.

A nchor ch' il Corpo morto e spento sia
N on però, col Corpo fragil, si more
L a gloria, la Fama, il grido, e l'honore,
N e tutto quel c'ha santa Poësia.

I.D.B.A.

S i le corps est pourrissant,
N on la louenge & la gloire:
A ußi ne va perissant,
L a Poëtique memoire.

Damoiselle A. D. L.

C ombien que le corps soit mort,
S a gloire n'est pas esteinte:
Q ui plus est la Mort ne mord
E n sa Poësie saincte.

Le Conte d'Alsinois.

L a Mort au corps la saisie,
M ais elle n'a pas atteint:
S es vertus, ne l'œuure sainct
D e sa saincte Poësie.

MARGARITA   20.

Quę Musis dare sueta suum cum Fratre nitorem,
C um Musis periit, Fratréque Rege, Soror.
I Αῦρατȣ.
C iij.

Ι᾽ Αὐρατȣ̂.

Ἡ μȣ́σης ποτὲ δȣ̃σα φάος πάλιμ ȣ μετ᾽ ἀδελφȣ̃,
Αὐτῶ σύν, μȣσῶμ ὤχετ᾽ ἐλȣ̃σα φάΘ.

I. P. D. M.

Quella che daua alle Muſe ornamento
E quel ſuo Fratre, delle Muſe padre,
S on ſtato rapiti dall' hore ladre,
E'nſieme-l'honor delle Muſe ſpento.

I. D. B. A.

Le Frerᵉ, & la Sœur auſſi,
Qui des neuf doctes Pucelles
A uoient l'honneur eclerci,
S ont periz auecques elles.

Le Conte d'Alſinois.

Auec ſon Frerᵉ en meſme ſorte
Les Muſes ellᵉ eut en ſouci
Auec les Muſes ellᵉ eſt morte
Auec le Roy ſon Frerᵉ auſſi.

ΙΑΝΑ 21.

N on alia quàm qua Fœlices lege perempta eſt:
E rgo Fœlicem quis periiſſe putet?

I. Ἀυρατȣ̂.

Οὐκ ἄλλως ἢ ὡς ἐριόλβιοι οῑζȣμ ἔπτεσαϛε,
Ὀλβίαν οȣ̃ ȣ̃ζȣμ ȣ̃ς κε πίθοιτ᾽ ϑανεῖν;

I. P. D. M

I. P. D. M.

Questa Donna sette volte felice
Non d'altra, è trapassata e spenta, legge
Senon da quella ch'i felici regge:
Chi dunque vna felice morir dice?

I. D. B. A.

La loy qui la fist mourir
Est aux Heureux preparée:
Qui croit donc pouoir perir
La personne bien-heurée?

Le Conte d'Alsinois.

Elle est morte sous la loy
Que DIEV aux Bien-heureux donne:
Parquoy mourir ie ne croy
La bien-heureuse personne.

ANNA 22.

Quam nec vel præsens vel postera nesciet ætas,
Occidit:& loca quæ sæpe cupiuit, habet.

Ι. ΑꞋΥΡΑΤꙊ.

Ἡ, τῆς ꙊꞋΘ' ὁ παρωꞋμ ꙊꞋΘ' ὑϛερΘ- ἀγνοὸς αἰωꞋρ,
Κάτθανε, καὶ χώρης ἔμμορεμ ῆς ἐπόθει.

Ι. P. D. M.

Quella, che l'etade nostra præsente
Non potra cognoscer, ni la futura

C iij

E trapaſſata, & hor tenne ſicura
Quei luoghi che diſiaua ſi ſouente.

I. D. B. A.

C elle qui des ſiecles vieux
S era la gloire eternelle,
E ſt morte, & habite aux lieux,
S ouuent deſiréz par elle.

Damoiſelle A. D. L.

E lle eſt au ciel deſormais,
E t rien n'en reſte, ſi-non
Q ue l'entier & hault renon,
Q ui ne perira iamais.

MARGARITA 23.

MARGARIS humano iam libera carcere, cœli
N unc ſpatio fruitur liberiore ſui.

I. Αὐρατȣ̄.

Μαργαρὶς ἀνδρομεοῖο ἀπ' ἐκ δέσμοῖς λυθεῖσα
Νυῶ εἰ ἔλθι θρίη βόσκε τ' ἐπυρανίη.

I. P. D. M.

L ibera, e ſcoſſa dal carcer terreno,
O ue fu ſi longamente inchiauata,
H or ſen va per l'ampio Cielo allargata,
E gioiſſe del Ciel ſaldo, e ſereno.

I. D. B. A.

I. D. B. A.

MARGVERITE *delaiſſant*
D u corps la priſon moleſte,
P lus libre va iouiſſant
D e la Campaigne celeſte.

Le Conte d'Alſinois.

I uſqu-ici ell' a eſté
D edans la priſon humaine:
M aintenant ell' ſe pourmeine
A u ciel, en ſa liberté.

IANA   24.
E rgo perit, toties pia quæ cantare ſolebat
C armina, fatales ſæpe morata manus!

I. Αὐϱατȣ̃.

Ὦλετ' ἄϱ ἡ ͡ζο σάκις μέλη ἄφθιτα μελ.ψαμένη πϱὶν
Γ ολλάκι μοιϱιδίας χεῖϱα ͗ ἐπισχομλνα.

I. P. D. M.

È dunque morta, & al Cielo ſalita
L ei, che mentre ſuoi ci verſi cantaua,
S peſſò le mani fatal raffermaua
P reſte a romper il fil de la ſua vita?

I. D. B. A.

E ſt doncques hors des humains
Q ui par ſes chanſons Chreſtiennes,

C iiij

Souuent retarda les mains
Des trois Parques anciennes.

Le Conte d'Alsinois.

Doncques elle est morte & palle
Qui si sainctement chantant
Tant de fois fut arrestant
La cruelle main fatale!

ANNA   25.

Terrestris scripsit nobis sacra carmina, iam nunc
Cœlestis CHRISTO carmina sacra canit.

I. ΑΥΡΑΤΥ.

Γράψεν ἐπιχθονίη μέλη ἄμβροτ᾽, ἐπουρανίη δ᾽
Ἄμβροτα νῦ χριςῷ μέλπεται αὐ τὰ μέλη.

I. P. D. M.

Quando era in terra scrisse a noi piu versi,
Non di cosa caduca, anzi diuina:
Mà da ch' è fatta dal Ciel citadina
Canta inanzi a Christo versi piu tersi.

I. D. B. A.

Terrestre ell' nous a escrit
Ses sainctes chansons, & ores
Celeste elle chante à CHRIST
Ses sainctes chansons encores.

Lc

Le Conte d' Alſinois.

Au temps qu'elle viuoit
Auec nous en ce monde
Ses ſainctz vers eſcriuoit
De ſa plume feconde:
Maintenant en eſprit
Au ciel ou elle hante
Auecques IESVCHRIST
Ses ſainctz vers elle chante.

ANNA 26.

Dicite cum Paulo, dormit Regina Nauarræ:
Dormit, ſed certa ſurgat vt illa die.

I. Αὐρατȣ̃.

Ἔπατε σιω Παύλῳ ἐὐʹʹδιει βασίλιασα Ναβάρϱης,
Ἔυδιδ, ἀτὰϱ ϱη τῳ̃ χαιϱῳ̃ ἀπορσομένη.

I. P. D. M.

Si come dice Paulo, i poſſo dire.
Dorme queſta Regina, dorme a fede,
Ma per vſcir da la terreſtre ſede
Quandoche ſia, e per al cielo ſalire.

I. D. B. A.

Auecques ce Pol diuin
Dictes, la Royne ſommeille:

Ell' sommeille, mais affin
Qu'un iour elle se reueille.

Damoiselle A. D. L.

Auec sainct Pol ie dirai
Et croirai .
Que la Royne ici sommeille:
Et que son corps n'est point mort,
Ains qu'il dort
Iusque au iour qu'il se reueille.

I. Anto. de Baïf.

Dictes apres Pol d'vne voix
Ici MARGVERITE *sommeille:*
Ell' sommeille, affin toutesfois
Qu'en certain iour ell' se reueille.

I A N A   27.

Quò vigor ille animi? quò regia corporis illa
Maiestas? sancti quò decor oris abit?

I. Αὐρατȣ.

Γῆ νοὸς ἡ ἀκμὴ, χὴ πῆ βασιλήϊομ ἔ ᾶΘ;
Γῆ δὲ βέβηχ' ἁγνῆς ὄ ψεΘ ἀγλαΐη;

I. P. D. M.

Hor mi dite Viandanti, che diuenne
Di costei l'animosa sicuranza,

E sua

E *sua Regal maiestate e constanza,*
O nd' *è gita sua beltà, e con quài penne?*

I. D. B. A.

O u *est l'esprit tant conneu?*
O u *est la royalle grace?*
Q u'est *encores deuenu*
L e *sainct honneur de sa face?*

I. Antoine de Baïf.

O u *va ton esprit gentil?*
O u *va la royale grace*
D e *ton corps? ou s'en va-il*
L'honneur *de ta saincte face?*

ANNA   28.

M ortua mi facies, & corporis horrida visu
C ætera, sed mentis pulchra figura meæ.

I. Ἀυρατȣ.

Εἰδῷ ἐμοὶ φρȣδȣ, κỳ σώματῷ ἄγρι ἰδέας
Τ᾽ἄλλ᾽ ἀτὰρ ἡ ψυχὴ καλλιπρȣσωποτάτη.

I. P. D. M.

D ella mia faccia la bellezza è morta,
E delle mie membra il resto tututto
S i po veder squalido, sozzo, e brutto,
M a l'alma mia eterna bellezza porta.

I. D. B. A.

La Mort m'a fermé les yeux,
  D'horreur tout mon corps abonde:
Mais mon esprit vit aux cieux
Plus beau qu'il n'estoit au monde:

Le Conte d'Alsinois.

Mon corps tout hydeux perit,
  Il faut que ma face meure:
Mais la forme à mon esprit
Entiere & belle demeure.

I. Anto. de Baïf.

Ma face est morte, & du corps
Morte est la royalle grace:
De moy rien ne reste, fors
De l'esprit la belle face.

MARGARITA. 29.

Asclepi valeant, valeántque Machaonis artes,
  Vtitur hæc MEDICO non moritura suo.

I. Α'υρατȣ̆.

Ἔρρ Ἀσκληπιάδαο, Μαχάον⊙ ἔρρε σοφίη,
  χρῆϑ' ἥδ' ἰηῖῷ ῃῶ ἑῷ ἀϑάνατ⊙.

I. P. D. M.

Itene ò arte, e tù remedio antico
D'Asclepiade, e del gran Machaone:

                                        I te

I te via piante del vecchion Chirone:
Questa è fatta immortal dal suo MEDICO.

I. D. B. A.

Allez Medecins humains
   De ceste chair tant moleste:
La Royng est entre les mains
   Du grand MEDECIN *cœleste.*

Dam. A. D. L.

Vous Medecins s'il vous plaist
   Ne trauailléz plus pour elle:
Par son MEDECIN *ellg est*
   Maintenant toutg immortelle.

Le Conte d'Alsinois.

Rien ne luy vault desormais
   Soit ordonnancg ou recette,
Le GRAND MEDECIN *la faicte*
   Immortellg a tout iamais.

IANA 30.

Det requiem cineri Dominus, confcendat & ipfe
Spiritus æthereum, venerat vnde, polum.

I. ΑΥΡΑΤΫ.

Η᾽ συχίlω κονίη πορέοι Θεὸς, ἀνδ᾽ ἀρὰ ϐαίη
Υυχὴ ἐπουρανίϗ ἄξονας, ἔθεμ ἔϐη.

I. P. D. M.

I. P. D. M.

I l gran Signor dia pace al cener trito
E rattò lo spirto si leua a volo
S in al superno e sempiterno Polo,
O ue fu creato, e d'oue era vscito.

I. D. B. A.

L e corps ait repos en DIEV,
L'amę ait du ciel iouissance
A ffin qu'elle viuę au lieu
D e sa premiere naissance.

Le Conte d'Alsinois.

L es cendres & les ôs
A ient en DIEV repos
P uis-que l'esprit s'en vole
P ar le sentier connu
D ont il estoit venu
I usques au plus hault pole.

ANNA   31.

E xtinctum licet angusta stet corpus in vrna:
N on tamen angusto limite fama volat.

I. Αὐρατῦ.

Ξ βεννύμλιον καίπὃρ καλπὶς μικρὰ σῶμα κέκ◊υθε,
Ὀυ μένδι σμικρὸμ τέρμα λέλοῖχε φάϊις.

I. Γ. D. N.

I. P. D. M.

Benche del Corpo morto possa serra
Quest' vrna angusta, non però la Fama
Di questo Corpo, vn angusto luogo ama,
Anzi vola, e corre per l'ampia terra.

I. D. B. A.

Bien que le corps soit enclos
D'ung estroitte sepulture,
Si n'est toutesfois son los
Borné d'estroitte closture.

Le Conte d'Alsinois.

Ici dedans est son corps,
Esteinct en bien peu de place:
Son bruit qui vole dehors,
Ne vole en etroitte espace.

I. Anto. de Baïf.

Bien que son corps esteinct soit clos,
Dans vn cercueil d'estroitte espace:
Toutesfois sa gloire & son loz
Pas ne vole en estroitte place.

MARGARITA 32.

Háncne perisse putas, q̃ quà patet, obstupet orbis,
Et cuius nomen complet vtrunque polum?

DISTIQVES

I. Ἀυρατ῀.

Τίνδε θανεῖν δοκέεις, ἣν κόσμ۞ ὅλ۞ μακα-
      ρίζει;
      Ἤ ϛε πόλυς πληροῖ ͽ κλέ۞ ἀμφοτέρυς;

I. P. D. M.

Pensi tu che questa Donna sia morta
   D a morte, laqual l'Vniuerso ammira?
   D i cui la Fama tutto' l mondo gira,
   E fino alli duo Poli si trasporta?

I. B. D. A.

C rois-tu se paistre les vers
   D u nom de celle qui vole
   A dmirable en l'Vniuers
   D e l'un iusqu'a l'autre pole?

Le Conte d'Alsinois.

C elle dont la terre ronde,
   C elle dont fut tout le monde
   M erueilleusement épris:
   C elle-la dont le nom vole
   D e l'un iusqu'a l'autre pole,
   A donc perdu ses espritz!

IANA   33.

M argaridem, cum Mors fieret ne æterna, peremit
Illam ex mortali reddidit Indigetem.

                              I. Ἀυρατ῀.

I. Ἀυρατȣ̃.

Μαργαρὶδ᾽ ἢυ δ᾽αναλος, μὴ ἦ ἀθάναλος, καὶ έπι φυε
ρέφνωρ ἐκ.θνητῆς τȣ̃ ξέ μιμ ἀθάνατοι.

I. P. D. M.

A lhor che morte feri col suo strale
  D i questa Donna il Corporeo velo
  P er vietar che non fosse eterna in Cielo,
  D'una mortal ne fece vna immortale.

I. D. B. A.

L a Mort qui ne vouloit pas
  MARGVERITE estre immortelle,
  L' a faicte par son trepas
  D e perissable eternelle.

Le Conte d'Alsinois.

L a Mort par sa hardiesse
  C ontre elle vn iour s'eleuoit,
  E t la print:dont on la voit
  D e mortelle estre Deesse.

ANNA   34.

C orporeis toties pacem mens anxia rixis,
  O ptauit:tandem vt pace fruatur,obit.

I. Ἀυρατȣ̃.

Γολλάκι σωμαλικῶμ πολεμῶμ θορούβωντε παῖδαθ
Εὐξαμένη, τέταρπαὶ ζ̣λ θνησκομένη.

I. P. D. M

I. P. D. M.

Deh quante volte l'alma sua penosa
Per l'aspre brighe del suo corpo lasso
Bramaua pace? Al fin peruenne al passo
Per goder d'vna pace gloriosa.

I. D. B. A.

Elle vouloit mettre a fin
La guerre en son ame enclose:
Ores elle est morte, afin
Qu'en paix elle se repose.

Le Conte d'Alsinois.

Il y eut mille discors
De l'ame contre le corps:
L'ame au ciel s'est retirée
Pour estre en paix desirée.

MARGARITA   35.

Vixi (inquit) satis, atque super, satique peregi
Tempora: nunc vitam dissoluisse iuuat.

I. Αὐρατȣ.

Ἄρκιϑ᾽, εἶπερ, ἐμοὶ ζωῆς χρόνϑ᾽, αἴσιμον ἦμαρ
Ἐκτέλεσ᾽, ἤδη μοι τερπνότερον ᾧ ϑανεῖμ.

I. P. D. M.

Assai, e troppo ho, dice ella, vivuto,
E del mio fato è gia'l tempo compito,

Hor

H or ſia lo ſtame mio vital ſdruſcito
El vel della mia vita diſſoluto.

I. D. B. A

I'ai veſcu(diſt elle) aſſez,
V oire trop:& de ma vie
I'ay les limites paſſés:
O r i'ay de mourir enuie.

Le Conte d'Alſinois.

I'ay par trop veſcu(diſt ell')
I a ma tâche eſt accomplie:
I l me plaiſt que ie delie
L' ame de ce corps mortel.

IANA   36.
H uius fama probam, & ſinceram publica vitam
Iactat:habet certam publica fama fidem.

I. Αὐρατȣ.

Φήμη τὸμ βίομ ἀγνὸμ κỳ ἀμύμονα τῆσδε φαῧζει,
Γ'αυδημος φήμη μάρτυς ἀμεμπτότατος.

I. P. D. M.

I l commun grido loda di coſtei
L a vita honeſta,ſanta,pura,c'ntera:
M a ben veggi'hor che tale fama è vera,
E che non ſi dice bugia di lei.

D ij

I. D. B. A.

Par la voix du commun bruit
Parfaicte elle estoit nommée:
Souuent la verité suit
La commune Renommée.

Le Conte d'Alsinois.

Sans reproche, entierement
Ell' fut de tous renommée:
On croit coustumierement
La publique Renommée.

ANNA   37.

Rapta est, cum plures posset superesse per annos:
Optima quæq; cadunt, pessima quæq; manèt.

I. Αὐρατȣ.

Ἠρέχθη πλέονας δωατὴ λυκάβαντας ἰλλάϑη,
Ἀιὲν ἀρϳοτέρων χείρονά τȣ κρατέει.

I. P. D. M.

D a la morte, che tutte cose vora,
È stata inuolata questa Regina
Ma buona cosa tosto va'n ruina
E la ria viue, & in honor dimora.

I. D. B. A.

E ll' mourut quant lentement
Deuoit arriuer son heure,

L e

Le bien passe promptement,
Le mal voluntiers demeure.

Le Conte d'Alsinois.

La Mort, voire à la mal'heure,
D'elle trop tost nous priua:
Ainsi le bon-heur s'en va,
Et le malheur nous demeure.

MARGARITA. 39.

Sueuerat huc, illuc, terris peregrina vagari:
Pertesum erroris cum foret, astra petit.

I. Α'ΥΡΑΤΫ́.

Εἴωθ' ἐνθα κỳ ἔνθα ἐπιχθονίη ποτ' ἀλᾶσθ,
Μίσει πλαγκτοσώνης, ἀρανὸμ ἐις ἀνέβη.

I. P. D. M.

Hor quinci, hor quindi, solea esser errante
E così rimanga vsaua la vita
Ma sendosi dello suo error pentita
Al fine sen' è gita al Ciel stellante.

I. D. B. A.

Son corps porta ça & la
Son ame ici vagabonde:
Puis au ciel l'esprit vola,
Faché d'errer par le monde.

T)

Le Conte d'Alsinois.

E ll' s'accoustumoit sur terre
V oïager & ça & la:
E rrant ainsi s'en vola
S ur les astres a grand' erre.

IANA   39.

Q uæris cur studuit puram bene ducere vitam?
V t bene supremum posset obire diem.

I. Αὐρατȣ.

ΖΗΤΕῖς, Ὕπ῁ε ϐίον καϑαρὸν βεϐίωκε χὴ ἄγνόμ;
ὡς καϑαρῶς χ᾽ ἀγνῶς τ̃ βίον ἐκτελέση.

I. P. D. M.

T u chiedi forse, perche Margarita
A ben viuer tanto s'affaticaua
I o ti rispondo: ella sempre bramaua
S ul extremo di far bella partita.

I. D. B. A.

P ourquoy estoit elle ainsi
D e bien viure studieuse?
P ource qu'elle estoit aussi
D e bien mourir curieuse.

Le Conte d'Alsinois.

Q ui feist son cœur studieux
A viure au monde si bien?

C'estoit

C'estoit pour auoir ce bien,
De mourir encores mieux.

ANNA 40.

Sub Christo vixit Domino duce, mortua Christo
Sub duce: sic Christus vitáque mórsque fuit.

I. Αὐρᾷτꙋ.

Ἔῂ χριςῷ ὕπαρχος, ἐθνήσκεꙉ χρις ῷ ὕπαρχῷ,
χριςὸς ἄρ οἱ ζωὴ, χριςὸς ἄρ οἱ Ͽάνατῷ.

I. P. D. M.

Visse con Christo, sendo Dio sua scorta:
Mori con Christo, ch'era lo suo duce
E sotto Christo lasciò questa luce
E sotto lui visse la vita corta.

I. D. B. A.

Dessous CHRIST sa vie fut,
La Mort soubs CHRIST la rauie:
Ainsi voila comme elle eut
Sous CHRIST sa mort & sa vie.

Le Conte d'Alsinois.

Sous CHRIST son Dieu, ell' viuoit,
La Mort sous CHRIST la rauie:
Voila donc comme elle auoit
Sous CHRIST sa mort & sa vie.

D

Quid nō illa habuit?quid non fuit illa?tamen nil
Tunc fuit,aut habuit:nunc habet,estǭ; aliquid.

I. Αὐρατῦ.

Τί πρὶμ ἐκείνη μὴ εἶχε, ἤ μὴ πέλεμ; ὔ ὶμὲμ ἔμπης
Ὄυτε πέλ᾽ ὔτ᾽ ἔχε πρὶμ, νῦ δὲ πέλᾳ καὶ ἔχει.

I. P. D. M.

Che gli mancaua?e che fu'n questa gabbia
Ch' ei non fosse? m' alhor non era nulla
E nullà haueua da che venne da culla:
Ma ch'è c'hor non sia?ch'è che'lla non habbia?

I. D. B. A.

Que n'estoit elle?ou quel bien
N' auoit ell'? mais dire i'ose
Qu'ell' n'auoit, & n'estoit rien:
Or' est, & a quelque chose.

Le Conte d'Alsinois.

Tout ce que Nature a faict,
Voire de tout son parfaict,
Quant vn corps elle compose,
MARGVERITE l'auoit bien:
Toutesfois ce n'estoit rien,
Maintenant c'est bien grand' chose.

IANÀ

IANA 4̶1̶2̶

MARGARIS vt moritur, tũc vitã viuere primùm
I ncipit:eſt mundo mortua, viua DEO.

I. Ἀυραϛῦ·

Μαργαρὶς ὡς Θάνεμ, ὡς ζῶ ἤρχεϑ· διὰ Ϟ ἐκείνι
Θνήσκεϑ μὲμ κόσμῳ, ζῆ δὲ Θανῦᾳ Θεῷ.

I. P. D. M.

C omminciaua queſta Donna a viuere
   Quando volea di queſto mondo vſcire:
C he queſta vita ben gliera vn morire,
E vera vita ſempre Dio vedere.

I. D. B. A.

L a Mort qui la feit perir
   P our eſtre de mort deliure,
L a feit au monde mourir
   P our à DIEV ſeulement viure.

Damoiselle A. D. L.

L a Royne entrant à la fin,
   C'eſt lors quell' commence a viure:
E lle meurt au monde a fin
   Qu'auec DIEV puiſſe reuiure.

Le Conte d'Alſinois.
E n mourant elle entre au lieu
   O u eſt la vie ſeconde:

Elle est morte quant au monde,
Mais viuante quant à DIEV.

ANNA   4b3

O quoties dixit. Nostræ longißima vitæ
Temporal non viuam morte soluta DEVS!

I. Ἀυρατ¯.

Πολσάκις εἶπε, βίυ φθ῀ ἐμῦ χῆμ᾽ ὡς ἀπελθερ῀τορ,
Ὦ Θεός ὐκ ἆρ᾽ ἐγὼ ζῶμί πορ᾽ ἀθάνατ⊙ ;

I. P. D. M.

O quante volte dice al Signor Dio,
Di nostra vita il tempo dura troppo:
Ma quando morte scioglierà il mio groppo
Accio che ch' io viua con voi, Signor mio?

I. D. B. A.

O trop ennuieux seiour!
O mon DIEV, ce disoit elle,
Viendra point le mortel iour,
Qui me fera immortelle!

Le Conte d'Alsinois.

Quantesfois toute rauie
Disoit elle! O que i'attens!
Mon DIEV viendra point le temps
Qu'en mourant ie soys en vie!

MAR-

MARGARITA   44.

Et virtute duce,& duro comitante labore
In cœlo Princeps principe,sede sedet.

I. Ἀυρατȣ.

Ἡγεμόνος τ' ἀρετῆς κỳ ἐφεατρομένȣ καμάτοιο
Εἰς ὐλύμπον ἔβη πρωῶ θϑῶκον ἔδραν.

I. P. D. M.

Con la virtute e preciosa Fede
E col Labor,che gli fu sempre a lato,
Questa Signora,dopo'l mortal fato,
In cielo,ch'è principal sede,siede.

I. D. B. A.

Suiuant le train de vertu
De labeur accompaignée
L'esprit de vertu vestu
Au ciel a place gaignée.

Le Conte d'Alsinois.

Par son labeur vertueux,
Et vertu laborieuse
Maintenant est par ces deux
Au ciel toute glorieuse.

IANA   45.

Quæso quid in terris nisi dura,nisi aspera vidit?
Quæso quid in cœlis præter amœna videt?

I. Αὐρατȣ̃.

Τί, πρὸς ϑεῶμ ἐπὶ γῆς πλὼ οἰκῖα κỳ ἄθλια εἴδϊεμ;
Τί πρὸς ϑεῶμ, πλὼ ἢ τέρπν', ὁρᾶ, ὗρανόϑι;

I. P. D. M.

Dimmi ti prego, che vide ella mai
Quà giu, sinon cose dure, aspre, e felle?
Dimmi che vede in ciel'hor, sinon belle
Cose, e leggiadre, e canti, e suoni gai?

I. D. B. A.

Que veid ellǝ en ces bas lieux
Sinon toute peine dure?
Ores que voit ellǝ aux cieux
Sinon tout plaisir qui dure?

Damoiselle A. D. L.

Que veid ellǝ en ces bas lieux
Que tristessǝ & asprǝ & dure?
Que voit ell' la hault aux cieux
Qu'un plaisir qui tousiours dure?

IANA   46.

Qualem diuitibus, talem se semper egenis
Præstitit: ergo illam diues, inopsǫ; gemunt.

I. Αὐρατȣ̃.

Οἵω ἀφνειοῖς, τοίημ ἒ παρᾶ χεμ 'ανόλβοις·
Τῷ μιμ ἄμ' ἀφνειῷ κλαίǫ ἄνολβ⊙ 'ανήρ.

                                        I. P. D. M.

I. P. D. M.

Quale era inuerſo le perſone ricche
Tale era inuer le grame e le meſchine:
Onde piangonla con le fronte chine
Le perſonne poſſente, e le mendiche.

I. D. B. A.

Humble aux riches elle eſtoit,
Aux pauures elle eſtoit telle:
Auſſi l'un, & l'autre on voit
Pleurer par la perte d'elle:

Le Conte d'Alſinois.

Humble elle fut a toute heure
Au riche & au ſouffreteux:
Dont a bon droit châcun d'eulx
La complaint, regrette, & pleure.

MARGARITA   47.

Nunc aula Regina caret, quid tum? modò Chriſti
Et fruitur Diuûm Diua Panegyribus.

I. Αὐρατȣ.

Νῦμ ἔλιπεμ βασιλὶς βασιλήια· τί πλέον; εἴγε
Χριςῷ ἅμ᾽, δὐσεβέωμ τ᾽ ὕϛὶ πανήγυρεσι;

I. P. D. M.

Piu non è queſta in corte del Re Franco:
E ben? pur gode de la Corte magna.

E di queſta triumphante compagna
O u' è Chriſto, e'l ſuo popol ſanto, e bianco.

I. D. B. A.

E llɇ eſt hors de court. puis-quoy?
F aut-il pourtant qu'on la plaigne?
Ellɇ eſt aupres du grand Roy
D es Sainɛts la ſainɛte compaigne.

Le Conte d'Alſinois.

P uis-quoy, ſi ie ne me tiens
E n court? maintenant ſi eſſe
Q ue ie ſuis Sainɛte, & Deeſſe
A uec CHRIST, & tous les ſiens.

IANA   48.

I n ſua qui credit redituras corpora mentes,
    MARGARIDEM credat non potuiſſe mori.

I. Αὐϱατῦ.

Εἰς ἑὰ πιϛδίωμ ψυχὰς πάλιμ ἐλθέμλν αὗθὶ
Σώματα, Μαϱγαϱιδ᾽ ἀν μήλϛ πⅼθⅽιϐ θανέιμ.

I. P. D. M.

C hi crede che gli Spiriti deono
R itornar alli corpi morti loro,
Q uel credia che coſtei, ch'Io tanto honoro,
N on dè morire, e di ciò certa ſono.

I. D. B. A.

I. D. B. A.

Celuy qui croit le retour
De l'ame au corps, il doit croire
Que MARGVERITE à son tour
Aura de la Mort victoire.

Le Conte d'Alsinois.

Celui qui croit recourir
Lame au corps ou elle habite,
Ne croira que MARGVERITE
En mourant ait peu mourir.

ANNA   49.

Perdidit (ô fœlix) falsæ mala gaudia vitæ:
Inuenit vitæ gaudia vera nouæ.

I. Αυρατȣ̃.

Ὀλβίη, ἣ ψευδῆς ἀπὸ τόρπνὰ βαλȣ̃σα βίοιο,
Τῶρ δὲ βίȣ τόρπνῶρ νυῶ ἀδεκῶρ μέτοχΘ.

I. P. D. M.

Questa ha perduto (o felice e beata)
In questa vita, ou' ogni mal si coua,
Falso diletto, ma nell' altra troua
Vero diletto, e gioia non mai nata.

I. D. B. A.

Ell' perdit les vains desirs
De la vie miserable;

Ell' gaigna les vrais plaisirs
De la vie perdurable.

Le Conte d'Alsinois.

Heureuse elle a reprouué
Le faulx plaisir de ce monde:
Or en la vie seconde
Le vray bien elle a trouué.

MARGARITA   50.

Mortua, sed Christo est: nũc viuit mortua Christo:
Na tibi Christe mori, viuere Christe tibi est.

Ι. Αὐρατῦ.

Κάτ.θαν' ἀτὰρ Χρις ῷ, ζὴ νῦ Θανέϰσάϲε Χρις ῷ,
Σοὶ 𝔤 Χρισὲ Θανεῖμ, Χρισέ σοι ἐϛι ϐιοῦ.

I. P. D. M.

In Christo è morta, e viue in Christo morta:
Perche tu mio Signor, la nostra vita
Richiami morte, e la nostra partita
A quell' altra vita, vn' intrata, e porta.

I. D. B. A.

Ell' mourut, mais sous la foy
De CHRIST, CHRIST viue elle adore:
Car (ô CHRIST) mourir en toy,
C'est (CHRIST) en toy viure encore.

                                        D...

Damoiſelle A. D. L.

E llɇ eſt morte, mais à CHRIST,
E t mortɇ eſtant, ſon eſprit
V it à CHRIST *de mort deliure:*
T el mourir commɇ eſt eſcript
N'eſt ſinon qu'à toy CHRIST *ʋiure.*

Le Conte d'Alſinois.

E n CHRIST *ell' rendit l'eſprit,*
*E t.*CHRIST *de mort la deliure:*
C ar mourir en toy, ô CHRIST,
C 'eſt en toy (ô CHRIST *)reuiure.*

IANA   51.

E rgo mori graue? non. Sic ſic iuuat ire fidelem.
E t dixit moriens, ſic quoque non morior.

I. Αὐϱατȣ̆.

Ἄθλιον ἆϱ τὸ θανεῖν; ȣ̆κ· ἀλλ' ȣ̆τω φίλον ȣ̆τω
τῷ πιςῷ θανέειν, ἔιγε θανεῖν τόδ' ἔφυ.

I. P. D. M.

È dunque al trapaſſar graue la morte?
N on è no, ch'ogni fedel morir debbe:
E morendo'ella queſte parole hebbe.
N on moio no, s'io moro in queſta ſorte,

                                                        E

I. D. B. A.

Qu'est il plus doux que mourir?
Ainsi ainsi le Fidele
Doit au dernier poinct courir:
Aussi ne meurs-ie dist elle.

Le Conte d'Alsinois.

Doncques si ie rends l'esprit
Me doit il facher, dist elle,
Non. Ainsi ainsi en CHRIST
Meurt sans mourir le Fidele.

ANNA   52.
Mortua sum: vitæ, sed spes est vna prioris
    Quòd me cú CHRISTO vita secunda manet.

I. ἈυραΤȣ.
Κάτθανον, ἀλλὰ βίȣ πϛοτέρȣ μένǫ εἰσέτι μ'ἐλπὶς,
    ὧς μοι ἅμα Χϛιςῷ ϰ̀ βίǫ--ἐϑ'ἕτϙǫ.

I. P. D. M.

Ben son' io morta in questo mondo vile:
    M'anchor mi dura la prima speranza:
    Percio che nella sempiterna stanza,
    M'aspetta vn' altra vita piu gentile.

I. D. B. A.

Ie suis morte, mais i'attens
    Estre de la mort deliure,

                                        Car

Car i'espere au dernier temps
Auecques mon Dieu reuiure.

Le Conte d'Alsinois.

S il fault premier que ie meure
Quittant la Vie du Monde,
I e sçay qu'apres me demeure
En CHRIST *la Vie seconde.*

MARGARITA   53.

Exuit illa súi mortalia corporis arma:
Induit arma animæ non moritura súæ.

I. Αυρατȣ.

Ἔκλυσεμ αὐτὴ ἑȣ Θανατηφόρα σώματΘ ὅπλα,
Ἔνδυσεμ ὅπλομ ἑȣ πνδύμαȝς ἀθάνατομ·

I. P. D. M.

Questa nobil Margareta si suesti:
Del suo corpo tutte l'arme mortali:
Ma ben d'altre arme, che sono immortali:
L'alma sua nel ciel tutta s'armò, e vesti!

I. D. B. A.

Son corps elle deuestit
D'armes qui estoient mortelles:
Son ame elle reuestit
D'armes qui sont immortelles.

              E ij

Le Conte d'Alſinois.

Elle a iecté dehors
 Les armes de ſon corps,
 Armes qui ſont mortelles:
 Pour prendre en IESVCHRIST
 Les armes de l'eſprit
 A-touſiours immortelles.

IANA 54.

Quid moror in terris Naturæ filia, tantas
Si mundus causas cur fugiatur, habet.

I. Αὐρατῦ.

Τίπῖε γονὴ φύσεως ἐπὶ γῆς χρονίη δια ̣ριβω,
Φθινῖέθ᾿ εἰ πολλῶμ ἕινεκα κόσμθ᾿ ἔφυ;

I. P. D. M.

Perch'io, che ſono di Natura figlia,
 Dimoro in terra cotanto e cotanto?
 Perche'l mondo d'inganni è carco tanto
 Onde ſi dè fuggir à tutta briglia?

I. D. B. A.

Qui m'arreſte encor ici
 Moy fille de la Nature
 Si ce monde doit ainſi
 Fâcher à la creature?

Damoi=

Damoiselle A. D. L.

S i le monde doit fâcher
    O u tant de malheur abonde,
    M oy donc fille de la Chair
    Q ui m'arreste encor au monde?

Le Conte d'Alsinois.

L e Monde a mille malheurs,
    E t la Chair mille douleurs:
    O moy fille de Nature
    Q ui m'arreste encor ici
    V oiant tout ce monde ainsi
    N'estre qu'un sort d'auanture?

ANNA   55.

V ssit, & exarsit: quidni? libabat amica
    O scula, sed CHRISTO deliciosa suo.

I. Ἀυρᾳτȣ.

Καῦσε τε κỳ καώθη πῶς ȣ̆, τὰ φιλήματα δȣ̆ȣθε
    Ἀυτὰρ ἐῷ Χρισῷ μένῳ ἀρεσκόμbα.

I. P. D. M.

Questa s'auampò e s'accese d'amore
    E perche non? er souente basciaua,
    E piu volte strettamente abbracciaut,
    M a non altro ch'il vero Redemptore.
                                    E iij

I. D. B. A.

Le feu d'Amour l'embrasoit,
Pourquoy-non? la chaste Dame;
Son diuin AMY *baizoit*
Des saincts baizers de son ame.

Le Conte d'Alsinois.

Ell' bruloit, mais scauez vous
De qui, & de quelle flâme?
De CHRIST *son diuin Epoux,*
D' un sainct baizer de son Ame.

MARGARITA 56.

Quid trepido, si fida mei est custodia Christus?
Quid trepido? mihi mors viuere, vita mori.

I. Ἀυϱατȣ̃.

Τίς ΦόβΘ ὄντος ἐμὸι Φύλακος χϱιςοῖο βέβαȣ̃;
Τίς ΦόβΘ, εἰ θάνατος ζῳ̃, εἰΘ ἄμμι θανεῖν;

I. P. D. M.

Dic'ho paura? Christo è scudo forte
Del mio spirto, e anchor è saldo riparo:
Dic'ho paura? hor troppo ben i'mparo
Ch'll morir m'è vita, e vita m'è morte.

I. D. B. A.

Doy-ie craindre de perir
Si en DIEV *seul ie me fie?*

Le

Le viure me faict mourir,
Le mourir me viuifie.

Damoiselle A. D. L.

Si le viure m'est mourir,
Et le mourir ce m'est vie:
Que crains-ie? en toy ie me fie
O CHRIST! vien me secourir.

I. Anto. de Baïf.

Que crains-ie plus si ie me liure
A CHRIST qui vient me secourir?
Que crains-ie plus? la mort m'est viure,
Et le viure m'est le mourir.

Le Conte d'Alsinois.

Que crains-ie? à CHRIST ie me fie,
Et CHRIST me vient secourir.
Que crains-ie? la mort m'est vie,
Et la vie m'est mourir.

IANA   57.

Illa, vni tantum CHRISTO defixa tenebat.
Lumina, cum mortis sensit adesse diem.

I. Aὐρατȣ.

Κείνη ἐνὶ χριϛῷ σα.θρὰς ἐϟέπηξεμ ὀπωπὰς
Ὑσάζομ θανάτȣ χαιρὸμ ἐπαιθομένη.

                                    E iiÿ

I. P. D. M.

Questa sù aspetto puro, e'l core adorno,
A d vno Christo solamente alzaua
Quando senti che l'hora s'appressaua:
Quell' hora extrema dell' extremo giorno.

I. D. B. A.

S es yeux clos elle tenoit
En CHRIST seulement rauie
S entant que la Mort venoit
C lorre le pas de sa vie:

Le Conte d'Alsinois.

A CHRIST seul elle fichoit
S es yeux, en esprit rauie
S entant que l'heure approchoit
Qui deuoit clorre sa vie.

ANNA   58.

Quid non cogit amor Christi? sese ipsa negauit,
Ne Christum neget, huic néue neganda foret.

I. Ἀυρατῦ.

Δεινὸς ἔρως τῦ Χριστῦ, ἑαυτὼ αὐτὴ ἀπεῖπε,
Μὴ Χριστῷ ἐνηθῇ Χριστὸμ ἀπειπαμένη.

I. P. D. M.

Ch'è non storza il vero amor di Christo?
Questa se stessa si volse negare

Pei

P er non mai Iesu Christo abbandonare:
O ver'che non l'abbandonasse Christo.

I. D. B. A.

Que ne peut l'amour de C HRI S T?
A CHRIS T toute dediée,
E ll' s'estoit nicé, assin
Que de C HRIS T ne fust niée.

Anto. de Baïf. Par repetition.

Quest-ce que l'amour de C HRIS T?
La Royne s'estoit niée
A ffin de ne nier C HRIS T,
E t n'estre de lui niée.

MARGARITA   59.

Spiritui Caro, quæ toties contraria, cessit:
Litigiosa fuit res, sine lite iacet.

I. Αυρατ8.

Πνδίμαλι σάρξ τοσάκις πολέμήΦΦ πρὶμ ὑπᾶξε,
Γρὶμ μὲμ ἔλω φίλερις, νῦ ἔριδλος λάθετο.

I. P. D. M.

La carne rubella, e restia, alla mente
Da la mente fu vitta nella zuffa:
E durò longuamente quella buffa
Hoggi tutte queste lite son spente.

I. D. B. A.

Son Esprit qui contestoit
    A sa Chair, contencieuse,
    Ce n'est plus comme c'estoit
    Matiere litigieuse.

Dam. A. D. L.

La chair qui fut tant contraire
    A l'Esprit, luy a cedé
    Contencieux fut l'affaire
    Or' Paix y a succedé.

IANA   60.

Auxilii nunc arma mei clypeúmque salutis
    Christus habet: Mortis non ego tela tremo.

I. Ἀυρατȣ.

Ἀσπίδα χρις ὸς ἐμίω ἡ ἐμίω χρις ὸς πανοπλίω
    Ἀιεμ ἔχει, θανάτȣ' ȣκ ἐγὼ ὅπλα θέμω.

I. P. D. M.

Christo mio, Christo mio, possede e serba
    Del mio soccorso il bello scudo, e l'arme.
    Preste al gran bisogno sempre ad aitarme:
    Hor non temo lo stral di morte acerba.

I. D. B. A.

CHRIST de mon salut l'escu
    Et de mon secours les armes,

                                    Far,

F ait, que mon cœur inuaincu
N e craint de Mort les allarmes.

Le Conte d'Alsinois.

C'est a cettҩ heure qu'il fault
P rendre de ſalut les armes:
I e ne crains donc les allarmes
D e la Mort, ni ſon aſſault.

ANNA   61.

Tartare, nûlla tua eſt victoria, vicit IESVS:
E t Mors, quo ſtimulo poſsit obeſſe, caret.

I. Αυρατȣ.

αρταρε. πῆ νίκη σȣ ἔβη; νίκησ᾽ ἐμ Ιησȣ̂σ·
Καὶ Θάνατ☉ κέντȣ τȣ̂ βλαβερȣ̂ σέρεται.

I. P. D. M.

O ſozzo inferno, vincitor di queſta
N on ſci, ma Ieſu, che t'ha ſuperato,
E non ha morte lo ſtimol da lato
P er eſſer a Margareta moleſta.

I.D.B.A.

E nfer tu n'es plus vainqueur
IESVS ta forcҩ a dontée,
E t a par meſme vigueur
D e Mort la dardҩ epointée.

Le Conte d'Alſinois.

O Mort, ou eſt ton effort?
Enfer, ou eſt ta victoire?
CHRIST a mis bas par ſa mort,
De l'un & l'autre la gloire.

MARGARITA.   62.

Vita mihi damno, mors vtilis: hęc mihi cœlo
Pandit iter, cœlo clauſerat illa viam.

I. Α'υρατȣ̃.

Ζωὴ ἐμοὶ βλαβερὴ, κέρδος Θάνατος· ἠ̃ ὅιμlω
Ουρανον εἰς πέτασεμ, τȣ̃δ δὲ κλεἰζͅρ πρἰμ.

I. P. D. M.

La mia vita mi fa gran noia, e guerra:
E la mia morte guadagno mi porta.
Queſta m'apre del ciel la ſtrada e porta
Quella del ciel il bel paſſo mi ſerra.

I. D. B. A.

Le Viure m'eſt odieux,
Le mourir proffit m'apporte:
L'un me ſeparoit des cieux
L'autre m'en ouure la porte.

Le Conte. d'Alſinois.

Viure ne puis contente,
I'ay par ma mort attente

De

D e viure encores mieux:
L' un mon grand bien empesche,
L' autre a faict ma depesche
P our m'en aller aux cieux.

IANA   63.

S i mea, mors CHRISTI fuerit victoria, Morsꝗ;
S ic absorpta:mori me potuisse putas?

I. AVꝑατȣ̃

Ἐι Θάνατος τᾶ Χριϛȣ̃ ἐμὴ νίκη, Θάνατος δὲ
ἤδε κατεβρόχθη, πῶς δοκέεις με Θανεῖν;

I. P. D. M.

S e di Christo la morte cruda, e fera:
F u di mia morte vera vittoria,
E s'inghiotita fu la morte ria,
C ome dunque puoi tu creder ch'io pera?

I. D. B. A.

S' il fault ma mort estimer
D e IESVCHIST la victoire
Q ui fist la Mort abismer:
D e ma mort que doit on croire?

I. Anto. de Baïf.

S i la mort de IESVCHRIST
E st ma victoire, de sorte

Q ue

Que la Mort mesme en perit:
Pense-tu que ie soi morte?

ANNA   64.

Dũ mihi vita datur, sequitur Mors inde: sed ecce
Vita tristitiam comparo, mort: lucrum.

I. Αὐρατȣ.

Ἡ βιοτῆς ἀπόλαυσις ἐμοὶ μόρος, ἀλλὰ καθῶς με
Πρὶμ λύπησε βίⓈ, νῦν ὀνίνησι μόρⓈ.

I P. D. M.

Quandò il vintr mi fu cosi prescritto
Che lo seguisse vn morir certo e vero,
I o cor la vita vno dolor comperò,
E con la morte vno vero profitto.

I. D. B. A.

Ma vie marchoit deuant,
Et voici la Mort compaigne:
Mais ie perdois en viuant
Ce qu'en mourant ie regaigne.

I. Anto. de Baïf. par reditte.

Tandis que i'auois la vie
Pour sa suitte elle eut la mort:
Ainsi perte ensuit ma vie
Et proffit ensuit ma mort.

MAR-

Ceu nouus exuuiis Serpens reuirescit ademptis:
Sic noua me posito corpore forma manet.

I. Aὐρατ̃.

ῥις νεός, ἐξ ἀποδὺς ὄφις ὑδὶ λεβηρίδα Ϛαπρὼ
Τὰς ἀποδὺϚ δέμας ἔσομαι αὐ δε νέή.

I. P. D. M.

Come la Serpe per lasciar la pelle
Di noua forma, è giouentù se' nueste,
Cosi spogliand'io queste mortal veste
Altre forme m'aspettan via piu belle.

I. D. B. A

Comme depouillant sa peau
Le Serpent se renouuelle:
Laissant mon corps au tumbeau
I'ai repris forme nouuelle:

Le Conte d'Alsinois.

Commε vn Serpent se fait beau
Quant sa robε il renouuelle:
Ainsi moi laissant ma peau
I'ai reprins forme nouuelle.

I. Anto. de Baïf.

Commε vn Serpent renouuelle
Sa robε auec sa vertu:

Ainsi mon corps deuestu
I'ai faict ma forme nouuelle.

Damoiselle A. D. L.

Mon corps est refaict tout beau,
Et belle la forme mienne,
Aiant depouillé ma peau
Comme le Serpent la sienne.

ANNA 66.

Quãtũ erat in me animi Christo seruiuit:ob ídq̃,
Sum Regina, magis quàm modò viua fui.

I. Αὐρατȣ.

Ὅαση ἐμὴ ψυχὴ Χρισῷ διέλυσεν ἅπασα,
Τῷ κ̀ ἐγὼ βασιλὶς νῦν πλέον ἠὲ πϱοτȣ.

I. P. D. M.

Tutte le forze ch'in me erano inanzi
Tutte glia dempi in ben seruire a Dio:
Onde Reina, e gran Donna, son io:
Maggior anchor ch'io non era pur dianzi.

I. D. B. A.

Toute mon ame i'auoy
A IESVCHRIST asseruie:
Aussi Royne ie me voy
Trop mieux que durant ma vie.

                                                    Ie

Le Conte d'Alfinois.

M on ame tant qu'ell' pouoit
A IESVCHRIST fut feruante,
E t pource Royne on me voit
M ieux que quant i'eftois viuante.

D amoifelle A. D. L.

CHRIST feul, à qui ie feruois
E ut & mon cœur & mon ame:
D ont ie fuis & Royne & Dame
P lus grand'que quant ie viuois

ANNA   67.

Quæritis in terris cur nolit viuere?vitæ
In cœlum fecit Mors melioris iter.

I. Ἀυρατῦ.

ζητεῖτ' ἕνεκα τῦ ꝗ ἐπὶ χθονὶ μὴ βίον εἷλε;
τὸν βίον οἱ θάνατ☉ λωΐτϸον πέτασεμ.

I. P. D. M.

V oi dimandate perch' in quefta valle
T errena, quefta piu viuer non volfe:
I n cielo, quella che di qui la tolfe,
P er dargli meglior vita, fece vn calle.

I. D. B. A.

Q ui a faict qu'elle n'eft pas
D e viure au monde amoureufe?

                                  F

L a Mort luy ouurit le pas
D' une vie plus heureuse.

Damoiselle A. D. L.

Q ui a faict qu'en ces bas lieux
D e viure n'eut onc enuie?
L a mort lui a faict aux cieux
C hemin de meilleure vie.

I. Anto.de Baïf.

S i d'ouyr tu as enuie
D ont viure luy deplaisoit:
L a Mort chemin luy faisoit
A u ciel à meilleure vie.

MARGARITA 68.

Dum muto in terris vitam pro morte:repentè
Pro morte in cœlis vita secunda datur.

I. Αὐρατȣ.

Ἀλλάτ]ȣσ᾽ ἐϊ γῆ ζωίω ϑαράϑιο,ϑαρȣ γε
Αὐἱκ᾽ ἐπȣράνιον τ̃ βίον ἄλλορ ἔλορ.

I. P. D. M.

C angiando in terra la mia Vita prima
C on quella,ch'è terror a tutti i rei,
S ubito nel cielo.in vece di lei,
M'è data Vita altra di maggior stima

I.D.B.A.

I. D. B. A.

Pendant qu'en ce monde ici
Ma vie à la Mort ie charge:
Ie monte au ciel:& voici
Que ie y fais vn contréchange.

Damoiselle A. D. L.

Faisant de ma vie echange
A la Mort qui m'a rauie:
Dieu au ciel soudain me range
De mort en seconde vie.

Anto. de Baïf. Par repetition.

Comme ie change en ce monde
Soudain pour la mort la vie:
I'ay pour la mort de ce monde
Dans le ciel vng aultre vie.

IANA   69.

Ille Deus, Deus ille Pater, promisit IESVM,
Quem dedit: eius mors, vitáque, facta mea est.

I. ΑΥΡΑΤΥ.

Κεῖνος ὁ παγκράτωρ ὁ πάτηρ τὸν Ἰησοῦν ὑπέ̈ςη
Ὅν πόρε, τῦ ƌε βίου κ̀, μόρου ἐξέλαχου·

I. P. D. M.

Quel mio Dío, quel mio Padre, e vero Dío,
Mi promesse suo figlio, e me lo diede

F ij

Di cui il morir è'l mio morir per fede:
Di cui'l viuer è fatto'l viucr mio.

I. D. B. A.

Ce grand DIEV son FILZ promis
Bailla pour me faire sienne,
Qui s'est à la Mort soumis:
Sa Vie est doncques la mienne.

Le Conte d'Alsinois.

La promesse de celuy,
Celuy DIEV, est accomplie
Par IESVCHRIST: dont en luy
Fut & ma mort & ma vie.

ANNA 70.

Ille PVER natus nobis, & mortuus ille:
Nonne itérum viuit? sic ego viuo iterum.

I. Αὐρατȣ̂.

Κεῖνος ὁ παῖς γεγονὼς ἡμῖμ κ'ἀσφαῖμέν⊙ ἡμῖμ,
Μῶμ πάλιμ ὸκ ἔς ιμ; κ'ἄατο μ' ἔγωγε πάλιμ.

I. P. D. M.

Quel bambin, quel fanciullo, per noi nacque
E per noi morì tra le mani ladre:
Oh non viue egli anchor qua su col padre?
Cosi viuo anch'io, si come a lui piacque.
I. D. B. A

I. D. B. A.

L'ENFANT né pour nous, & mort,
N'a-il pas la Mort dontée?
Tout-ainsi apres ma mort
Ie l'ay par luy surmontée.
   I. Anto.de Baïf. Par reditte.

L'ENFANT qui pour nous prit vie,
Et qui pour nous prit la mort
N'a-il pas repris la vie?
Ainsi ie vy par ma mort.

MARGARITA   π.

Ceu postliminio primos remeauit in ortus
Aetheris:exilium totus hic orbis èrat.

I. Αὐρατȣ̃.

Ὡς παλινάγρετος ὕ(α παιζῶοṗ ἀπῆλθεṗ ἐς οἶκοṗ
Αἰθέρ⊙̄, οἷα φυγὰς πρίṗ γ'ἀṇὰ κόσμοṗ ἔϙυ.

I. P. D. M.

Come da gli nimici ritornando
Il prigion,lo suo primo esser riprende,
Cosi questa al ciel(suo natio)si rende:
Quest' Vniuersal mondo gliera vn Bando.

I. D. B. A.

L'esprit r'appellé d'exil
Au lieu de son premier naistre,
                    F iij

Monstra qu'aussi n'estoit-il
Forbanni en ce bas estre.

Le Conte d'Alsinois.

Comme d'exil rappelée
Au ciel ellҁ est reuolée:
Le mondҁ ou ellҁ habitoit
Rien qu'exil ne lui estoit.

IANA   72

Quam non mutarunt nec læta, nec aspera mentҁ,
Iam fruitur lætis aspera nulla timens.

I. AVΡΑΤȢ.

Ἡμ ὐκ ἄλλαξαν μήϑ᾽ ἡδέα μήτε τὰ πικρά,
Ἡδέσινῦ ψυχὴ τέρπετ᾽ ἀνϑꞏϑε πικρῶμ.

I. P. D. M.

Quello Spirto, Che non si cangiò mai
O per aspre fortune, o per gioiose:
Hor si gode di belle e licte cose
Nulla temendo stratii, pene, e guai.

I. D. B. A.

L'esprit qui portoit si bien
Le plaisir & le malaise,
A cettҁ heure ne sent rien
Qui a son plaisir deplaise.
                              Le Conte

Le Conte d'Alfinois.

Ellẹ eut conſtante penſée
En plaiſir & en malaiſe:
Or'elle vit a ſon aiſe
De tout ennuy diſpenſée.

ANNA   73.

ſpe prius vſa, Fideǿque, almǻq; ſororé duarum:
ſpéque, Fidéque nihil credit, & optat: amat.

Ι. Α'ϒϱϰΤϤ.

Ἐλπίζϐϱ πάϱοϛ,πιϛ θὔϐϛ, ἠδ' ἀγϰπῶϐϰ,
Γεὔϐεται,ἐλπίζειτ' ὐδὲμ ἔτ',ἀλλ' ἀγϰπϰ̃.

I.P.D.M.

S'aitatta quella della Speme,e Fede,
E di lor Soror Charitate, pria:
Piu non crede per Fede,e non diſia
Per Speme,c'hor tutto vede,e poſſede.

I. D. B. A.

I'ai eu Eſperancẹ & Foy,
Et leur Sœur qui eſt plus grande:
Or'ie n'eſperẹ & ne croy,
I'ay tout ce que ie demande.

I. ANto. de BAïf.

Qui de Foy, qui d'Eſperance
Et de leurSœur s'emparoit.

F iiÿ

N'espere plus ni ne croit:
Ell'iouist en asseurance.

Le Conte d'Alsinois.

Par Foy, Espoir, Charité
Vers la Suprème BONTE
I'ay obtenu ma demande:
Ores ie n'ay plus de foy,
Et ores plus ie ne croy,
I'ay de ces trois la plus grande.

MARGARITA.   74.

Lilia gestabat tria, Regum insignia: quid ni?
Regia ter, Regum Sponsa, Soror, Soboles.

I. Αἴρατȣ.

Λείρια βλαστὰ φέρεν βασιλήϊα σέϊματα· πῶς ἔκ;
Τρὶς βασιλίς· βασιλέωρ νύσια, νύμφα, γσνη;

I. P. D. M.

Tre gigli (insegne delli Reggi, e sue)
Portaua, e perche non?ben n'era degna,
Moglie d'vn Re: d'vn Re Soror, c'hor regna
Nel ciel con lei, di Regal razza, fue.

I. D. B. A.

Trois Lys royaux ell'portoit
Pourquoy-non?la noble Dame.
                                    Trois

T rois fois Roiallɇ ellɇ eſtoit,
R ace des Rois, Sœur, & Femme.

I. D. B. A.

D e trois Lys armes des Rois.
S on ecuſſon ell' compoſe,
R oyale de trois endrois:
D es Roys Niepce, Sœur, Epouſe,

Lé Conte d'Alſinois.

T rois fois rayallɇ ell' portoit
L es trois Lys en ſon enſeigne:
P ourquoy-non? puis qu'ell' eſtoit
S œur des Roys, Race, & Compaigne?

IANA   76.

Reginæ ad Superos aditum Mens æqua, Fidesꝗ;
Et Virtus, Pietas, Relligióque dedit.

I. A'υρατȣ̃.

Ⲣⲓⲥⲓⲥ ἐς ἀθανάτυς βασιλſαϲη νȣ̃ς τ' ἐπιεικὴς
Εὐϲεβίη τ' ἀρετὴτ εἰϲοδίον ἐκπέτασαν.

I. P. D. M.

L o Senno Suo d'humanitate carco:
L a Religione, la Charitate,
L a virtute, la Fede, e l'Honeſtate.
M oſtrato gli han del ciel l'intrata e'l Varco.

I.D.B.A.

L'esprit royal est monté
En la celeste contrée
Par Foy, Iustice, & Bonté
Qui luy ont ouuert l'entrée:

I. Anto. de Báif.

Vertu, Foy, Bonté, Droiture,
Deuote Relligion,
Font à la Royng ouuerture
Dans la haute region.

ANNA 76.

Nunc quia conditio vitæ est mutata prioris:
Dicite, vita fuit quæ prior, vmbra fuit.

I. Αυρατ̃.

Νῦν ἐπεὶ ἡ βιότοιο τύχη πρότεροιο πιφῦλθη,
Εἴπαθ', ὁ πρὶμ βίοϛ πλώ σκιὴ ὀλὲμ ἔιω.

I. P. D. M.

Percio che della mia vita mondana
La Legge, e lo stato, è tutto cangiato.
Voi dir potete ch'il mio primo stato
Altro non fu la giu ch'vn'vmbra vana.

I. D. B. A.

Or qu'elle a changé le sort
De sa vie obscure & sombre:

Ditts

Dittes que deuant sa mort
Sa vie n'estoit qu'une vmbre.

I. Anto.de Baïf.

Puisque la vie ensuiuie
Est changée tellement,
Dittes la premiere vie
N'estoit qu'vmbre seulement.

Si bona per CHRISTVM præcessit vita,fuítq;
Mors bona:quam repetit vita secúda, bona est.

I. Aὔρατȣ.

Εἰ̓ ἀγαϑὸς Διὰ Χριςȣ̃ ὁ πρὶμ βίος ἰῶ, ϑάνατός τε,
Κἀ̓γαϑὸς ἑατόμεͅνος κείνͅ ἔπειτα βίος.

I. P. D. M.

Se per Iesu Christo fu la passata
Vita mia bona,e anchor la morte bona:
Quella,a cui la prima gia non consona,
È bona,laqual'hoggi hò ricourata.

I.D. B. A.

Si par CHRIST, elle vesquit
Heureuse,& si la Mort blesme
Heureusement la vainquit:
Ell'vit encores de mesme.

Le Conte d'Alſinois.

S i ſous C H R I S T *premierement*
M a vie *&* ma mort *fut bonne:*
Q uelle *eſt donc ſecondement*
L a vie que D I E V *me donne?*

I A N A   78.

A Eternum, fœlíxque vale, decus addita cœlo
Q uam ſpes adiungit, conciliátque D E O.

Ι. Ἀυρατȣ.

Οὔλέτε κỳ μέγα χαῖρε μέγα κλέΘ ὑρανιώνων,
Ἧ ϑεῷ ἢρ μόϑης ἐλπίδος ἐν παγίδλι,

I. P. D. M.

V attene in pace eternalmente, o ſalma
S plendente, adgiunta al ciel, laqual pietade
A ccompagnata con humanitade
A Dio congiunce: hor vale felice alma.

I. D. B, A.

A dieu heureuſe a iamais
D es cieux eſtoille nouuelle,
P ar ton eſpoir deſormais
D e D I E V la fille eternelle.

Le Conte d'Alſinois.

A dieu d'eternel adieu
S plendeur au ciel adioutée

Q ue

Que l'Esperancȩ a boutée
Des plus prochaines de DIEV.

ANNA 79.

Fœlices Animæ quibus it comes illa Nauarræ
Regina æterna candida tota stola.

I. Aὐϱατȣ.

ὀλβίαι αἱ ψυχαὶ ταῖς ἢ βασιλίασα Ναβάϱϱης
Ἔχετ' ἐν ἀϱῖιφέη σύνδϱομ⊙ ἐνδϱομίδι.

I. P. D. M.

O felice almȩ, c'hanno per compagna
Questa Regina al mondo che fu sola,
Vestita d'una bianca eterna stola,
Mò sen va per la celeste campagna.

I. D. B. A.

O bien fortunez Espritz
Que cettȩ Ame tant bien née
Suit aux blanchissantz pourpriz
De blanche robȩ attournée!

Le Conte d'Alsinois.

Heureuse totalement
Toutȩ Ame qui accompaigne
La Roynȩ eternellement
En l'Eternelle Campaigne.

MARGARITA   80.

Arrabo quē fuso dederat mihi sanguine Christus
In cœlo merces nunc mihi tota datur.

I. Αυρατȣ.

Ἀῤῥαϐὼν, ῂν Χϱιςὸς ἔϑωκέ μοι αἵμοϱοῆϲϰϚ,
ΓίνεϮ μιϑὸς ἐμοὶ νῦ ὅλ☉ ȣϱανόϑι.

I. P. D. M.

Per Arra, Il qual mi diede, la sua mercè,
Christo, quando il suo puro sangue sparse,
Hor le Voglie d'Iddio' non sono scarse
In darmi, nel regno del ciel, gran merce.

I. D. B. A.

Les arres tant precieux
Que la Bonté infinie
M'auoit donnéz, mont'aux cieux
Toute la somme fournie.

I. Anto. de Baïf.

Pour les arres que i'auoye
Du sang de CHRIST repandu,
Au ciel ie reçoi en ioye
Le principal pretendu.

IANA   81.

Sic, vt adorauit Numen, sic Numen adoret.
Qui pietate illi se studet esse parem.

I. Αυρατ̈

I. Ἀυρατȣ.

Ὡς κείνη ὕμησε θεόν, ἱμάτω ἐκεῖνǫ
Ὅςις οἱ ἀυσεβίη βάλεται ἰσοπκλείῃ.

I. P. D. M.

Chi vol esſer a queſta donna vguale
Venga a coler quel Nume ſacro e ſanto
Ch'ella adorò e riueriſce cotanto
Quando era in terra, ou' alberga ogni male.

I.D. B. A.

Au ſouuerain Createur
Humble & fidele doit viure
Comme vrai adorateur
Qui MARGVERITE veult ſuyure.

I. Anto. de Baif.

Quiconques egaller ore
La bonté d'elle voudra:
Il fault que DIEV il adore
Comme DIEV ellǫ adora:

ANNA 82.

Meta mei curſus Chriſtus fuit, vnde brabeum
Promiſſum, & ſtadii premia certa fero.

I. Ἀυρατȣ.

Χρις ὸς ἐμοῖο δρόμοιο βραβεὺς, ὅθεμ ῆ ρα βραβεῖον,
Ὅ πρὶμ ὑπέςη ἐμοὶ πιςὸς ἀγωνοθέτης.

I. P. D. M.

Christo Fu vero signo del mio corso:
Ond'io, poscia ch'il mio corpo fu morto,
La promessa corona ne riporto
E certo premio dell' Agone, e Corso.

I. D. B. A.

CHRIST de mon cours entrepris
Fut la seule borne, & pource
Par lui i'emporte le pris
Certain loyer de ma course.

I. Anto. de Baïf.

De ma course la barriere
CHRIST estoit, par qui i'ay pris
Et le guerdon & le pris
De ma certaine carriere.

MARGARITA 83.

Et Carne, & Múdo, Sathanáq̃, & Morte subactis
Morte mea vitæ parta trophea gero.

I. Ἀυρατῦ.

Σάρξ, κόσμος, Σαθανᾶς, θάνατός μοι ὑπεῖξε δαμέν⌐α
Ζωῆς ἐκ θανάτου νῦ ἂ βραβεῖον ἔχω.

I. P. D. M.

Vinta la carne, vinto'l mondo reo,
Vinta la morte, vinto Sathanaßo,

P er morte, del mio viuer stanco e lasso,
Io ne riporto vn' opimo Tropheo.

I. D. B. A.

A iant surmonté l'effort
D e l'Infernale cohorte,
L a Chair, le Monde, & la Mort,
L e Trophée i'en r'apporte.

I. Anto. de Baïf.   Par reditte.

L a Chair, le Monde, la Mort,
L'Enfer, dontéz par ma vie:
O r' i'eleue de ma vie
L e Trophée par ma mort.

Le Conte d'Alsinois.

I' ay donté par mon effort
M es quatre Ennemys, de sorte
Q ue de la vie i'en porte
L'honneur acquis par ma mort.

ANNA   84.

Fratre meo carui: quid erat mihi charius illo?
Quid si iterum liceat iam mihi Fratre frui?

I. Αὐρατῦ.

λῦθκασιγνήτκ ϛϙόμλω·ἢ λὲ φίλτϙον αὐτῦ;
Τί πλέον, εἴγ' αὐτϙμ κֽ πάλιμ αῦϑι λάβω;

G

DISTIQVES

I. P. D. M.

P erdut' ho quel Fratre ch' tant'ho amato:
M a qual ben mi poteua esser piu charo?
E qual ben mi pot esse esser piu raro
S'io quel mio Fratre la su hauessi a lato?

I. D. B. A.

I e perdi le FRERE mien
Q uell' chose m'estoit plus chere?
Q uel sera doncques mon bien
V oiant encores mon FRERE.

Le Conte d'Alsinois.

I' estois de mon FRERE veufue,
E t qu'auois-ie rien plus cher?
Q uoi si or' ie le retreuue,
M' en doy-ie pas r'approcher?

ANNA 85.

D esinite artifices celare hanc, pingere: pinxit,
C elauit, scriptis se satis illa suis.

I. Αὐρατῦ.

Γαυ῀᾽σθ᾽ οἱ πλάσαι τιώσιε πλάττιν τε γράφ᾽σηι
Γλάσθη κὐγράφ᾽ η οἶς γράμμασιμ αὐτὴ ἅλις.

I. P. D. M.

L asciate ogni speranza o voi Pittori,
D i questa pinger, sculper, o tagliare

Eiiij

E lla si seppe, tagliar, colorare,
E sculper, co li suoi versi megliori.

I. D. B. A.

C essez grauer cette-cy,
   E t peindré, ô diuins Manœuures:
   Ellé est assez peinté icy
   E t engrauéé en ses œuures.

Damoiselle A. D. L.

L e Peintre de son pinçeau,
   L'Engraueur de son cyseau
   R endront-il sa forme feinte
   E n leur ouurage parfaict
   S i bien, que sa plumé a faict
   Q uant soi-mesmé elle s'est peinte?

Le Conte d'Alsinois.

C essez Artisans bien appris
   P eindré ou grauer sa forme feinte:
   E lle mesme par ses escris
   S' est assés engrauéé & peinte.

MARGARITA   86.

Quis speculum illius non admirabitur, in quo
Vera D E I effigies illa refracta datur?

I. Αυρατȣ.

Τίς κεῖνης τὸ κάτοπτρον μὴ θαυμάζοι κεν, ἀληθὲς
  Ω ἔνι πλάσμα θεȣ ἔς' ανακλαζόμενον;

G ij

I. P. D. M.

Chi non ammirar lo Specchio intatto
Di questa nobil Regina? dal quale
Verso noi tutti reflette e risale
Dell'Iddio vero, vno vero ritratto.

I. D. B. A.

Qui n'admire son MIROIR
Qui rend toute Ame asseurée
De son DIEV, luy faisant voir
L'image reuerberée?

Le Conte d'Alsinois.

Qui est cellui qui n'admire
Son MIROIR, ou en tout lieu
La vraie image de DIEV
Imprimée se remire?

IANA   87.

Ante fuit fragili, nunc est redimita corona
Aeterna, aeterni signa secuta Ducis.

I. Ἀυρατȣ·

Γρὶμ μ̀ ἔιω φϑαρτῷ ϛεφ' αιῳ ϛεφθεῖϲᾳ, τ̀ νῦ̃ δὲ
Ἀφϑάρτῳ, απομένη ἀφϑόρῳ ἡγεμόνι.

I. P. D. M.

Questa hauea a dietro l'honorata fronte
A uinta d'una fragile ghirlanda:

                                              Hor

H or l'ha d'eterna: per ch' in ogni banda
S egue del suo Duce l'insegne conte.

I. D. B. A.

S on chef qui estoit orné
   D' une couronne incertaine,
E st a iamais couronné
   P ar l'eternel Capitaine.

I. Anto. de Baïf.

D' un fraile chapeau naguere,
   O re d'un Sempiternel
C eintz elle est sous la banniere
   D u Capitaine eternel.

ANNA   88.

Mille patent causæ, causas si mille requiras,
   C ur Diua ex omni parte beata fuit.

I. Αυρατȣ.

ἰἴα πολλὰ μάλ' ὃϛὶ τῶ αἴἵα πολλὰ ποϑ῀ω̄ν ϊε
  Ἐξ ῶν ὀι πορέϸις μιμ μακαριζέμϊναι.

I. P. D. M.

M ille ragioni sono, e mille anchora,
   S e tu chiedi mille e mille ragioni:
   P erche sia questa Donna fra li boni
I nteramente beata a quest' hora.

I. D. B. A.

M ille causes, s'il te plaist,
 Q ue mille causes t'en rende,
 F ont, que maintenant elle est
 D e tous poinctz heureuse & grande.

Damoiselle A. D. L.

M ille, non vn argument,
 S i mille aucun en demande:
 M onstrent qu'ores pleinement
 L a Royne est heureuse & grande.

Le Conte d'Alsinois.

Mille raisons il y eut,
 S i à moy tu t'en rapportes,
 P ourquoy cette Royne fut
 T resheureuse en toutes sortes.

MARGARITA   89.

T er conclamauit venerabile nomen I E S V S:
 T er conclamati tota recepta sinu est.

I. Ἀυρατȣ.

Τρὶς Θνήσκου σ' ἐβόησε σεβάσμιον ὔνομ Ἰησȣ͂ς,
 Τρὶς ꝗ βοηθέντ‿ πᾶσ' ὑπὸ κόλπον ἔσλυ.

I. P. D. M.

T re volte chiamò la Donna morente
 Quel nom di Iesu per tutto honorato:
                                    D opo

D opo alquanto lo spirto fu albergato
N el sen di Iesu, ch' era ui presente.

I. D. B. A.

P ar trois fois elle appella
   IESVS ce nom venerable:
T rois fois IESVS l'accolla
D' ung accollade honorable.

I. Anto. de Baif.

T rois fois le nom elle clame
   D e IESVS a haulte voix
   IESVS reclamé trois fois
E ntre ses bras receut l'Ame.

IANA   90.

V iuit, io, viuit: somnóque quiescit amico,
   Q uæ vigil est somno, viuáque morte sua.

I. AVRATV.

ΖΗΈΤ' ΙΗ ΖΗΈΤ', ΗΔΈ μελίκρα τομ ΰπνομ ίαύει
   Ὕπνῳ ἀνεγρομένη, ζῶσάθ' ἐῷ θανάτῳ.

I. P. D. M.

L a Donna viue, viue anchor la Diua
   E d'un bel sonno e gratioso giace,
M a da suo sonno sara desta in pace:
E da sua morte sara sempre viua.
                              G iiii

I. D. B. A.

Ell*e* est vive, Dieu mercy,
Et doucement sommeillante
Dort d'un sommeil éclercy,
Mourant d'vne mort viuante.

I. Anto. de Baïf.

Vîue, Vîu*e*: Elle sommeille
D'un doux repos qui l'endort,
Celle qui dormante veille
Celle qui vit par sa mort.

ANNA   91.

Ingredere ô fœlix Regina in prata salutis,
Quà ducit niueas lignifer AGNVS oues.

I. Αὐρατȣ̃.

Εἴσελθ' εἰς λειμῶνα βἰϰ βα σιλιασα μάϰαιϱα,
Ἡ̂ ἄγει ἀργυφέας πϱοᵭϱομ☉ ἀϱνὸς ὄϊς.

I. P. D. M.

Intra o beata Donna nel sourano
Prato abondante di salute eterna,
Oue le bianche peccore gouerna
L'Agnel ch' è duce del popol Christiano.

I. D. B. A.

Entr*e* o Royne de bon heur
Dedans les diuines plaines,

Ou

Ou L'AIGNAV est gouuerneur
Des Troppeaux aux blanches laines.

I. Anto. de Baif.

Entre dans les Prez de grace
O Royne heurruse ou L'AIGNAV
Dauant les blancz moutons passe
Port-enseigne du Troppeau.

MARGARITA   92.

Candida candenti fulgens in veste Sacerdos
Iam non facta manu Templa, DEVMQVE cole.

I. Aυραᴛ8.

Λθικὴ ἐν ἀργέννῃ δόλῃ ἀρήτειρα πρέπυσα
Η'δη ἅγιζε Θεῦ νηὸν ἀχειροπαγῆ.

I. P. D. M.

O Sacerdote splendente, e mbiancata
Di vesta bianca hor Iddio solo adora:
E quello tempio e santa chiesa honora
Da mano humana non mai fabricata.

I. D. B. A.

Blanche en habit blanchissant
O Royne à DIEV consacree
Adore le TOVTPVISSANT
Au temple qui luy agrée.

I. Anto. de Baif.

T oi pudicque Nonnain ore
E n t n pudic vestement
N on uurage, mais adore
L'ouu ermesme sainctement.

ANA   93.

Fronte DEI VIVI gestas insigne sigillum:
Lædere signatam iam mala nulla queunt.

I. Αὐρατȣ.

Χριςȣ ἔχἰς ꞩ χάραςμὰ ℔όϐροϚῦν ἀμφὶ μετώπῳ,
Οὔτ χάραχθεῖϚομ ϐλαπϚέμϋαι ἁῶαται.

I. P. D. M.

T u porti o Donna, nella fronte lata
D ell'Iddio viuente il grande Suggello,
O nde nessun tedio, quantunche fello,
P o nocer alla Donna suggellata.

I. D. B. A.

T u portes du DIEV VIVANT
S ur ton front l'Image saincte,
N ul mal ne t'ira greuant
A iant tellȩ Enseigne emprainte.

I. Anto. de Baif.

T on front le Seau noble porte
D u DIEV VIVANT a-iamais

E stant merquéę en la sorte
N e crain nul mal desormais.

ANNA 94.

Incipe ferre manu palmę victricis honorem,
Vel quia vicisti, vel quia fortis eras.

I. Αὐρατȣ̈.

Ἄρχεο χειρὶ φέρειν φοινικ῀ ἀέθλιον ἔρν῀,
Ἢ ὅτι νικῆϲας ἢ ὅτ᾽ ἀεθλοπόλεις.

I. P. D. M.

H or Donna, con la tua man dritta, porta
D el tuo honor la palma vittoriosa:
O uer percio che fosti valorosa:
O sempre vincitrice, o ver accorta.

I. D. B. A.

P our ton victorieux cœur
D y à ta main qu'elle porte
L'honneur du rameau vainqueur,
O u pour auoir esté forte.

I. Anto. de Baïf.

Commencę a porter la gloire
E n main du palmier vainqueur,
Ou pour l'aquise victoire
O u pour ton si ferme cœur.

Ante Throni iam stas arcem, iam Numen adoras,
Iam clamas. S OLI qui sedet arce, S A L V S.

I. Αυρατε.

Ἔστηκας πρὸ θρόνε, προσκυνεῖς τῷ Θεῷ ὄντι,
Κράζεϊ ὃ᾽, Ἐζομένω κάρθος παρὰ θρόνε.

I. P. D. M.

H or tu sei nanzi alla superna sede:
H or ingenocchione il gran Nume adori:
H or tu canti con gliangelichi chori.
S alute eterna, a quel che solo siede.

I. D. B. K.

D euant le Siege eternel
D u grand Throne de victoire
A u SEVL qui est supernel
T u chantes salut & gloire.

I. Anto. de Baïf,

Ia-ia ton D IE V tu adores
E n son Throne precieux,
Salut A V S E V L tu dis ores
Q ui sied au Throne des cieux.

IANA 96.

Iam tibi vera manu libamina, thuris acerra
Iam veri, & veræ non sine mente preces.

I. Ἀυρατ̅ȣ.

Ἤ δη θῦ⊙ ἀληθὴς ἔχεις σὺ κỳ, κ᾽ ἤδη ἀληθῆ
θυοδóκλω, ὗ χη δ᾽ ὗκ ἀκράαντα θεῷ.

I. P. D. M.

H or tu tenni glincenſi odoriferi
Et offri la Vittima grata a Dio:
H or d'vn bon zelo ſimplicetto, e pio
S pargi bei preghi, caſti ardenti, e'nteri

I. D. B. A.

O res tu as en ta main
L es offrandes qui ſont ſainctes,
L e vrai Encens, le vrai Pain
E t les prieres non faintes,

I. Anto. de Baïf.

O res vn vrai ſacrifice
T u fais d'unê vraiȩ odeur:
O r tu fais vn vrai ſeruice
P ar oraiſon d'un vrai cœur.

ANNA 97.

Non ſities non eſuries, non frigus & æſtùm
Iam metues, ſuperis addita Diua choris.

I. Ἀυρατ̅ȣ.

ϝείης κỳ δί̈ψης ἀπαθὴς σὺ, οὐ καῦμα ᾽κρύος τε
ὀυ φοβῆ ἐν θείοις ὗζ᾽ θ᾽αινα χοροῖς.

I. P. D. M.

Nessuna sete, o fame patirai,
E nessun freddo, e calore nessuno:
Nessun bisogno, e non disaggio alcuno,
Quando fra le sante squadre sarai

I. D. B. A.

La fain, la soif, & le chault,
Et les froidures malignes
Ne te suyuront point la hault
Parmy les Trouppes diuines.

I. Anto. de Baïf.

Ne soif, ne fain, ne froid, ne chault,
Desor ne feront nulle crainte
A toi faicte nouuelle saincte
Entre les bandes de la hault.

Le Conte d'Alsinois.

De soif, de fain, de froid, de chault
Desor tu n'auras plus de crainte
Assistant Deesse la hault
Au Chœur de l'assemblée saincte.

MARGARITA 98.

Millia mille tibi Sanctorum, atque altera mille
Millia, mille iterum millia, iuncta sedent,

I. Ἀυρατȣ.

χιλιάδες χιλίαι κỳ χιλιάδες χιλί ἄλλαι
χιλιάδες.ϑ̓ ἀγίων αὖ χιλίαι μετά σȣ.

I. P. D. M.

Mille migliaia di Santi sedono
Et altri auchora ben mille migliaia
E sono anchor, mentre ch'il gran Sol raia,
Mille migliaia inanzì al grande Throno.

I. D. B. A.

Deux mille milliers de Sainctz
Assis enuironnent ores
Tes costes, qui en sont ceinctz
De mille milliers encores

Dam. A. D. L.

D'ung infinité de Sainctz
Ta saincte Amg est toute ceinte:
Et sainctement tu te ceinctz
D'ung aultrg infinité saincte.

I. Anto. de Baïf.

Millg milliers de Sainctz ores,
Et mille milliers apres,
Millg autres milliers encores
Assis te ioignent de pres.

Le Conte d'Alsinois.

De mille milliers de Sainctz
Et de mille milliers, ores
La hault tes coustes sont ceinctz
Et d'un million encores.

Aultrement par lui-mesmes.

De tous coustez tu te ceinctz.
De trois mil millions de Sainctz,

I A N A 99.

Ad viuos fontes iam dux tibi, iam preit A G N V S,
Iam viui panis mensa parata tibi est.

I. Αὐρατῦ.

Αρνὸς ὁδληγεῖ σοι πηγὰς ἐπὶ τὰς βιοκράντυς
Ζωοφύτυτ᾽ἄρλυ σοίγε Ῑἀπεζα γέμει.

I. P. D. M.

L'Agnel va nanzi alle viue fontane
Per mostrarti quell'acque, che stancano
Tosto la sete e'ntanto sapprestano
Le mense del celeste e viuo pane:

I. D. B, A.

Ia l'AIGN ΛV qui va deuant
Te guide aux fontaines viues.
Ia du Pain qui est viuant
L'ETERNEL veult que tu viues.

I. *Anto. de Baïf.*

Ia t'eſt la table dreſſée
D u pain vif, ia par L'AIGNAV
T on guide, t'eſt addreſſée
L a ſource de la viue eaue.

ANNA 100.

Gaudia quis numeret Sponſæ, Sponſiq; perennis,
Quos iungit thalamis Lux ſine fine ſuis.

I. ΑΥΡΑΤΫ.

Τίς κεμ ἀριθμήσειε κροτὸς νύμφης κὴ ὁμϐύνε
ΑΘανάτυ, ϑαλάμοις φωτὸς ἐν ἀενάυ.

I. P. D. M.

C hi contara l'allegrezze diuine
D ella ſpoſa, e dello ſuo poſo eterni:
L iquali accopia a i letti ſempiterni
Quella luce, ch' è ſenza capo è fine.

I. D. B. A.

Qui contera les plaiſirs
D e la couche compoſée
Qui ioinct d'eternelz deſirs
Et L'EPOVX & L'EPOVSEE?

I. *Anto. de Baïf.*

O les plaiſirs de L'EPOVSE
Et de L'EPOVX *ſollennel*

H

Q ue la clarté ioinct & pose.
E n vn nossage eternel.

O scula quis muneret sanctè libata duobus?
D eliciásque A N I M AE, deliciásque D E I?

I. ΑΥΓΑΤΩ.

Τίς κεν ἀριθμήσφε τὰ φιλήματα πά]α μάλ'
ἀμφοῖν;
Τ ἁς τε βυφὰς ψυχῆς, τὰς τε θεοῖο βυφάς,

I. P. D. M.

C hi contarà gli spessi basci e santi
C he l'un diè a l'altro a l'accoglienza amica?
C hi contara dell'anima pudica
G li atti vezzosi, e d'Iddio gli altri tanti?

I. D. B. A.

Q ui contera les baisers
C onioinctz d'vne saincte flâme,
E t les delices tant chers
D e L'ETERNEL, & de L'AME?

I. Anto. de Baïf.

O les baisers purs de vices
L esquelz l'un de l'autre prit!
O du hault D I E V les delices
O delices de L'ESPRIT!

I A N A

IANA 102.

Q uis numeret plausus ex omni parte sonantes
S pirituum, æterni quos tenet aula D E I?

I. Ἀυρατȣ·

Τίσκεν ἀριθμήσειε κρότȣς πόρσιτ᾽ ἀμφίτ᾽ ιόντας
Υυκῶν ἀιδλίȣ Θεȣ᾽όμορφοφίων;

I. P. D. M.

C hi contara quegli applausi diuini
  D'intorno al venir della sposa fatti
  D agli Angelichi e santi spirti intatti
  C he son con lei nel cielo citadini?

I. D. B. A.

Q ui dira combien seront
  D e faueurs applaudissantes,
  Q ui par tout resonneront
  A ux salles resplendissantes?

I. Anto.de Baïf.

O que d'Anges leur plaudissent,
  A nges de la Court de D I E V
  D ont les mottetz rebondissent
  P ar tout le celeste lieu!

ANNA 103.

Hymnus erit sanctus, sacras Hymenæus ad aures:
  C armen erit: S A N C T V S: ter geniale sonans.

H ÿ.

I. Ἀυρατȣ.

Υμμνος οἱ ἔϑ᾽ ἅγιος καϑαροῖς ὑμέναι Ϙ- ἐν ὠσὶ,
Υμνοσο ἱ ἔϑ᾽ ἅγι Ϙ- ϑῖς κροταλιζόμϑυορ.

I. P. D. M.

I n Cielo ſia, per l᾽Himeneo canto,
S anto, Santo, Santo, ſempre cantato
E tre fiate col ſuon ricantato
S ia quel bel verſo, Santo, Santo, Santo.

I. D. B. A.

T u orras la ſainĉte voix
D e la feſte nuptiale,
E t le S A I N C T dit par trois fois
S era la voix Geniale.

I. Anto. de Baïf.

S A I N C T, ce ſera l᾽Hymenée
Q ui par tout rebondira,
E n voix trois fois ramenée
S A I N C T par trois fois on dira.

M A R G A R I T A   104.

I á cane Lux ſit, Honor, Sapiétia, Gratia, Virtus,
S icut erat, nunc eſt, ſemper erítque, D E O.

I. Ἀυρατȣ.

Ἤ δη ἄειδε, χάρις, τιμὴ, σοφίη, ἀρετὴ, φῶς
Ὡς ἰῶ ὡς ἔσαι καὶς ἰ, γένοιϑ ϑεῷ.

I. P. D. M.

E tu in tal forte canta(fe fci pio)
  T ututto honor, tutta laude, e prudentia.
  T utta virtu' tutta luce, e fapientia,
  È, fi come fu, e fara fempre, a Dio.

I. D. B. A.

C hante Lumiere & Honneur,
  G race, Vertu, & Sageffe
  A infi qu'elle est au S E I G N E V R
  E ftoit, & fera fans ceffe.

Le Conte d'Alfinois.

C hante Vertu, Grace, Honneur,
  C larté, Prudence à cette heure
  C omme est, & fut au S E I G N E V R
  A toufioursmais lui demeure.

I. Anto. de Baïf.

G race, Honneur, Vertu, Lumiere,
  S ageffe, dy deformais
  A D I E V foit, en la lumiere
  D e iadis, d'ore, a-iamais.

FIN DES DISTIQVES.

H iÿ

ΕἸΣ ΤᾺΣ ἘΚΛΑΜΠΟΤΤΆΑΣ ἩΡΩΪ-
δας σεμνοτάτας τὲ παρθένυς, κὴ γνησίας ἀδελφὰς, Ἄνναν, Μαργαρίταν, Ιάναν, τὰς ποιηϊίας,
Ιακώβυ Γωπύλυ
ἰατρῦ.

Ἡρῶναι γενεῆς ἐρικυδέ☉ ἐκγεγαῦαι
Κελτῶν, ἠδ' Ἰταλῶν ἄνθεα μυσοπόλων.
Οὐ δεῖ ὠφυίης κομπαζέμεν, ἕνεκ' ἀκραιφνῆ
Ἠέρα οἰκεῖε, αἴθομ ὑμνοπόλωῳ.
Τρεῖς γὰρ διογενεῖς θοφίμυς ἀνενείκαθ μυσῶῳ
Κύρας βρεττανία κάλλεϊ λαμπομένας.
Οὐκ ἄρ ὁμιχλώδης τόδ' ἀὴρ δρᾷ, ἀλλά γε φροῖθ,
Ἡ κὴ βρεττανίδας φῆν' ἑλικωνιάδας.

Εἰς τὰς αὐτάς.
Αντωνίυ βαϋφίυ Επίγραμμα.

Οἷον ἀπαςράπϊυσαι ὁμαίμονες ἠέρα διαςαὶ
Γ'αντα φλέγυσι μιᾶς τῶ κλέϊ Μαργαρίδθ;
Τῆς κὴ ἔλαμπε φάος τοπρὶμ μέγα, νῦ δ' ἔλμεῖζα
Λάμπει, διαιομέναις λαμπὰς ἅτ' ἐν διαϊσιμ.

GERARDI DENISOTI

NOGENTINI AD EAS-
dem Heroidas sorores
Paræneticum.

❧

Ἐννέα πιερίδεσσι μίαν τὼ λεσβίδα σαπφὼ
    Ἀθανάταις θνητὼ οἱ πάλαι εἰσέγραφον.
Τοὔνεκα μνημοσύνην φθόνῳ εἶλεν ἔρως τε, λέγεσθ᾽
    καὶ δεκάτης μούσης μετέρα βουλομένω.
Νῦν ὃ ἵ κεν νύμφας ὁρόωσα βρετανίδας εἴποι
    θυγατέρων ἰδίων εἰς χόρον ἐρχομένας;
Τίπτε λέγοι, βασίλισσαν ἰδοῦσ᾽ ἐν δώμασι κελτῶν
    μητέρα μουσάων, μητέρα μνημοσύνης;
Ἦ γε μὲν ἂν γλυκέως δεξεῖατο μητέρα, πᾶσε
    Νεανίδας σὺν ἑαῖς θυγατέρεσσι λάβοι.
Μύρια δ᾽ οὐκ ἂν ἔχοιεν ἀμείνονα πώποτε μάμμην,
    Οὐδὲ κασιγνήτας ἢ μελιφωνοτέρας.
Γαύροιθ᾽ οἱ πολεμεῦντες ἀρειμανέωντε βρεταννῶν
    καὶ κρατερῶν γαλατῶν ἡγεμόνες μάχιμοι.
Μανθάνετ᾽ εἰρήνης τέχνας, παιδεύματα θεῖα
    ὑμετέρων ἀπαλαῖς χερσὶ γραφέντ᾽ ἀλόχων.
Ὑμεῖς δ᾽ ὦ κοῦραι ποιηΐσιδες ἀγγελόφωνοι,
    Σύγγονοι ἀονίδων, εὐπρεπέες χάριτες,
Μιμεῖσθ᾽ ἀρξάμεναι τέχνας κ᾽ θεοσέβειαν
    τῆς ἀγαθῆς μητρός, μέχρι τέλους ἄνετε.

Delle tre Inglese Sorelle.
cinque Stanze.

I. P. D: M.

Della Regina di Nauarra il vello
Fatal, c'hauean già le tre Parche ordito
Tra mill' e mill' pel piu ricco, e piu bello.
È stato al fin, dalla terza, sdruscito.
E hor saria d'ogni mortal ceruellò
A fatto a fatto il suo nome sbandito
Senza l'aita peregrina, e strana:
Che venne a tempo dalla Tramontana.

Che per vietar ch'il nome tanto digno
Non fosse immerso in Lethe, fiume immõdo,
Tre Fate presero color d'vn Cigno
Nell' Isola d'Albion, sceura dal Mondo,
Poi nel Torrente, di tal Spoglia indigno,
Cercaron tanto il nome sin al fondo,
Che fu trouato, & poscia dal fiume empio
Ritratto, e sacrato all' Immortal tempio.

Non son di cio gli augelli anchor contenti,
Ma longo 'l fiume della torta Senna.
Vanno, exaltando, co i sacri consenti,
Quella, ch'assai non loda ingegno, o penna.

A qual

A quel dolce romor son fisi, e'ntenti
Q nei ch' illustran, Ligger, Lido, e Vigenna:
E giungendo a lor note, lor bei Versi,
F uor nelle lingue, in nulla son diuersi.

T acite e smorte odon quel canto santo
L e Piche, i Gracci, e i Verdi Papagalli:
C he Margarita amarono cotanto
Q uando era in Vita, e'n preggio, fra li Galli,
H or con lei morto è lor amor, e'l canto
D i ch' assordauano i monti, e le Valli:
M a questi Cigni sempre l'han amata
In Vita, e'n morte, e morta l'han laudata:

I tene in pace, ò Spirti impennati:
V iuete con'eterna fama, e grido
In questa Vita, e dopo quella, alzati
A l ciel, fate' vi vn sempiterno nido.
L asciando gli altri Vccelli spennachiati
In terra, con Vergogna, pianto, e strido.
H or non piu, no, mia Musa, ch'il laudare
P oco, è buon, e meglio 'l poco biasmare.

Cœlum non Solum.

K iiii

Di gigli' ornato'l reale giardino
   Prodotto' haueua' vn purpurino fiore,
   De si piaceuol' & si grato odore,
   Che rassembraua' à quel' altro diuino.

Non hebbe l'ouem primo miglior destino,
   Ch'haueua la Francia dal'eterno' amore,
   Racquistando in lui 'l viuace vigore,
   Che perse 'l padre misero' & tapino.

Hor' e' venuto 'l lagrimoso verno,
   Che'l fior ci' ha tolto, ma la sua radice
   Et viue, & spira' anchor odor' di vita:

Dellaqual s'orna'il bel giardin' eterno,
   Lasciando 'l nome' al suo terren'felice,
   Ch'altro non risuona che Margarita.

                         MATTH.

MATTH. PACI IVRISCONS.

In trium Sororum Heroidum Bri-
tannarum gratiam Hende-
casillabon.

❧

P Riscorum monimentæ rettulerunt
 T res olim Charites Ioue esse patre,
Et matre Eurynome, satas Sorores,
Aglæam Euphrosinen, Thalian: illas
Prudentes, hilares, manus habentes
Consertas, iuuenes: simul pudica
Quauis virginitate castiores,
Musarum socias, solutiore
Ac lucenti habitu: quod indicarent
Istis dotibus eminere semper.
Diuinum genus. Ast ego intuendo
Centum hæc disticha, tam pia, ac venusta
Queis Heroides hæ politiores
Tam magnum specimen sui dederunt,
Esse tres Charites fatebor: atque
Nil diuinius esse credo, quàm quod
In rem MARGARIDIS VALESIANE,
Cum tanta pietate prædicarunt.
  Quis tantum decus ex Solo Britanno,
Nostro tempore, prodiisse credat?

De tribus Heroinis Sorori-
bus Anglicis.

S A L M O N I V S M A C R I N V S.

S Emotis scopulis freti Sicani.
  Sirenes perhibent fuisse ternas,
P ulchras scilicet, ore virginali,
F ilo còrporis & venustiore
T antùm pube tenus pares puellas
P isces cætera, tortilíque cauda
S pirísque implicitas voluminosis:
Q uæ dulcedine voculæ canora
E t miro numeris lepôre tinctis
I ncautos vada in æstuosa nautas
A nfractúsque maris, voraginésque
A stutè traherent, & enecarent,
F allaci illecebra, daréntque pessum
I n discrimina fluctuum profunda.
I llas præteriit sagax Vlisses
C eratis comitum auribus, dedisset
S ese malo vbi nautico ligandum.
  S alsis Oceani Albion in vndis
E t ponto vndique cincta beluoso
F œlix insula, prorsus at remota

Orbis corpore ab integro vniuersi,
Nostro tempore tres tulit puellas,
Ianam, Margarin elegantem , & Annam,
Ortas sanguine regio puellas,
Forma conspicuas venustiore,
Sanctis moribus, ingenique cultu, &
Musarum ingenua eruditione,
Que Sirenibus vt pares canore,
Et mulcedine dulcium modorum,
Sic Sirenibus haud pares dolosa
Submergentibus arte transeuntes
Nautas æstibus æquoris maligni:
Hæ quæ carmina funditant, Olympi
Concentum rutili exprimunt, melósque
Quod flectunt Genii beatiores
ÆEterni ante thronum Patris supremum.
Nam laudant numeris suis Tonantem
Præsagus chely vt aurea propheta
Rex idem pius assolebat olim
Sancti numinis entheatus œstro:
Cum prædiceret assutura CHRISTI
Incunabula , Virginísque partum.
Cum nuper libitina sustulisset
Hac ex colluuie orbis inquinati
Ad palatia luminosa cæli.

Et sedes Superûm perenniores
Reginam occiduæ piam Nauarræ,
Franci Regis & vnicam sororem,
O quæ disticha regiæ hæ Puellæ
Non tantum decus Angliæ Puellæ,
Orbis sed triplicis suíque secli
Fuderunt animo ciènte Phæbo?
CHRISTO dicere verius volebam,
Qui plectra enthea Virginum piarum
Afflatúque animos sacro ciebat:
Lydi non melius canunt olores
Meandri ad vada & Asiæ paludis,
Non symphoniaci chori per artem
Quando gutture mobili remiscent
Confusas vario sonore voces,
Hæ quàm mellisluæ sonant Puellæ
Parentalia, næniásque tristes,
Reginæ ad tumulum recens sepultæ.

His ô si mea præficis Gelonis
Collaudata foret, Simonidæum
Illis non ego carmen anteferrem.

D. MAR.

D. MARGARITAE VA-
LESIAE Nauarr. Reginæ
Tumulus. Nic. Borbo-
nio autore.

❧

STa puer, & sacrũ cinerem contemnere noli:
  Hàc oculis siccis præteriisse, nefas.
Illa Nauarrorum Regina, illa inclyta nuper
  MARGARIS, illa æui lucida stella sui,
Hic iacet: Heroina nouẽ decima addita Musis,
  Nobilis eloquio, sed pietate magis.
Oppressus lachrymis vnũ addã: fœmina nostro
  Admirabilior tempore nulla fuit.

Nic. Borbonius D. MARGARITAM
  NAVARR. Reginam alloquitur.

Si mortalis adhuc, cœlũque, arcanáque Diuûm
  Pernosti, & mundi machina quicquid habet:
Quid nunc sancta Anima, & calcans pede
  MARGARIS, astra?
Quid nunc corporea libera mole facis?

Claudij Espencæi De duabus Margaritis Amita, & Nepte.

VNa duas toto genuit quas Gallia mundo
　　Præstätes animo, & corpore Margarides
Quum neuter caperet, partiri maluit orbis,
　Et sic parte frui diues vterque sua.
Est Amita in cœlis magno Soror addita Fratri,
　Neptis & in terris nata superstes agit.
　　　　　Aliud.
Si modo non aliud genus in mortale potest Mors,
　Sed Caro Spiritui morte dirempta iacet,
Si solet attolli cœlo visura Deûm mens,
　Paulisper posito corporis exuuio:
Inter Margaridis vitam, mortémque Valesæ
　Rectius expensa re, nihil intererit:
Quin potius numen visu immortale beato
　Mortua comprendit, viua quod expetiit.
　　　　　Aliud.
Vos quibus est virtus, quibus est sapientia cordi,
　Et placet æterna charta notata manu,
Harum vidistis rerum mare, reginæo
　Pectore quod clausum non ita semper erat.
Vsque adeo præter cœlestia nil spirabat
　Prædita cœlesti Margaris ingenio
Dum meditabundam diuino nectare mentem
　Potat, & ætherea pascitur ambrosia,
　　　　　　　　　　Dum

Dũ crepat arguta Diuûm mera gaudia lingua,
  Pingit & exculto carmina diã stylo,
Nil mortale manus, hominis, nihil ora sonabant
  E numero lapsum cœlitæ numen erat.
Immortalis erat mortali in corpore Diua,
  Nec minor aut vlli Diua secunda Deæ:
Fas modò Semideas Heroinásque vocari
  Fabula quas Diuas prisca, Deásque vocat.
Siue magis quas sacra canunt oracula Matres
  Moribus vsque Deum promeruisse piis.
Hinc dubium est an Margaridem sibi Olym-
  pus habere
  Mallet, an ad superos Margaris ire Choros.
                    Aliud.
Terrà diu nimium superis dum distinet astris
  Eximii toto luminis orbe facem,
Cœlicus hanc terris inuidit lampada Liuor,
  Lampada quæ cœlis æquiparabat humum.
Raptus vbi superis se spiritus intulit astris,
  Quod cœlũ inuideat quid reliquũ orbis habet?

DE IISDEM DVABVS
Margaritis Comes Alsinoüs.

Margaris extincta est quam nobis abstulit hora,
  Quid, rogo, si nobis & dedit hora parem?

MARGARITAE RE-
ginæ Nauarræ Tumulus
per C.S.

Q Vando sæuit hyems, virore grato,
Et fructu, foliisque, floribusque
N udatur quasi mòrtua, arbor: at se,
R espirante Fauonio suaui,
M onstrat viuere: túncque gratiorem
Et vestem & faciem induit. cruenta
S ic quem tempore Mors ferit statuto,
I n fœdo exanimis iacet sepulchro
T anquam mortuus. Ast vbi illa summa
N os ad iudicium dies vocabit,
V iuet. nam melius profectò viua
S urgent corpora, quæ interim quiescunt.
Ergo Margaridem quid ipse luges
T anquam mortua sit? caueto, fallax
N e te errore Epicurus implicet. nam
Q ui surget, moritur, perítque nunquam.

Marg. S.

En cõsumptum opus est naturæ: nam Vnio dici
Debuit, ipsa vorax Mors, Cleopatra fuit.

10. AVRATI HENDE-
caſyll. In tres ſorores
Semorianas.

❦

IAm non (vt Venuſinus exprobrabat)
Iam non Oceani vnda belluoſi
Vobis obſtrepit, vt prius, Britanni
Diuiſi prope gentibus Britanni:
Iam veſtros Siculo migrans profundo
Dictos Parthenope ſorore merſa
Fluctus perſonat ecce terna Siren,
Iana, Margaris, Anna, tres ſorores.
Quas vel non religata vis Vlyſſis,
Vel remex ſine fraude præteriret
Non ſurdus, neque cera inunctus aures.
Nec mirum: religata vis Vlyſſis
Quas olim fugiebat, arte blanda
Allectos miſeris modis necabant:
Hæ ſic vtile miſcuêre dulci,
Vt non voce necare, ſed iuuare
Et poſſint ſimul, & necem fugare:
A qua Margarin, ecce, vendicarunt:

L

O bruet, aut Vltrix flamma, vel ira Iouis:
Quò Roma illa vetus?quò tot monumenta laborũ?
E ni iacet æterno Troia sepulta situ:
Quòd si non alios habuisset Phthîus honores,
 Cum tumulo Phthîus nunc perisset honos:
Cælo Musa beat,tumulo sit Musa superstes,
 Hæc spoliat tacitum per loca muta Chaös:
Illa est quæ falcẽ calui Senis vna retundit,
 Opprimit & sacræ ferrea iura colus:
Sic nunc & victrix & Idumide digna corona
 Margaris,æterno viuit honore Dea:
Viuit,vt in Numidis extincta repullulat arbos
 Margaris,& rursum mortua,frondet anus:
Sic volucris iuuenes ex se reuolutus in annos,
 Viuit,& est virtus sic sibi sola parens:
Ex te Diua vides vt foelix surculus vmbret
 Laurum,& quæ docto numina fonte bibunt?
Aspicis vt longis se iam radicibus altè
 Firmat,& illustri nubila fronte petit?
Sic virtus,Musa,& soboles te vindicat orco:
 Margaris sic victrix surgis ab interitu.
Hinc palmã ad tumulum fero,viuacémque Ama-
ranthum:
 Hæc te victricem dicit,& ille Deam.

TŨS ἈρχÌϒ τόκΕΤ⊖.

DE TRIBVS SEMO-
rianis Sororibus Heroinis
Anglicis.

PETRVS MIRARIVS.

Qvum mea mens audax, cæco côpulsa fauore,
  Viribus humanis fidês, malè tuta fuisset:
Margaridis, tenui versu, cantabat honores
Antiquos, patriã, genus omnè, & candida facta:
Diuinum ingenium, diuina poëmata, summo
Grata Ioui: moresque pios: mentémque pudicam:
Extremum vitæ finem: certamina dura:
Rettulit vt victo moriens ex hoste triumphos.
Aliger ecce Deus, cœlo delapsus ad imum,
Præcipites, dictis, nostros sic increpat ausus.
Desine: quid dignum factis mens stulta repones?
Mortali celebrare sono cœlestia tentas?
Ardua res adeò est: gracili non ore tonandum.
Virginibus commissa vides ea cura peritis
Vt sit, quæ latum famam diffundere in orbem
Eualeant, Diuam superis æquare canendo.
Surgite magnanimi vates, quibus inclyta virtus
Reginæ, exacuit validas in carmine vires.
Quà flectatur iter, vobis vestigia signant,
Sacra (prius Gallus non visa) exempla Sororum.
      Ignoti nulla cupido.

N. PERO.

Q Vid tãti tumulũ versus cõduntur in vnũ,
    Artifices docta quem posuere manu?
Regale æterno sculpunt in marmore nomen,
    Quod flore incluso candida gemma notat.
Gallia Margaridem, qualem non India, nobis
    Transmisit, quondam quæ decus orbis erat.
Nunc sacrata Dei templo, super omnia splendens
    Astra, diu optato constitit illa gradu.
Matronæ illustres, rarum spectate lapillum,
    Qui veræ ideam relligionis habet.

C. SAMARTANVS.

M Argaridi vocem morbus præcluserat: vllum
    Nec verbum emisit, tres moribunda dies.
Proxima sed morti, ter conclamauit I E S V S :
    Deinde Animam summo reddidit ipsa Ioui.
Tres Charites flerunt: ter tres fleuêre Sorores:
    Ingemuit mundi pars, doluitque triplex.
Nempe ostendebat (quo non perfectior vllus
    Est numerus) perfectam occubuisse, Trias.

EPITAPHE DE MAR-
GVERITE DE VALOIS
Royne de Nauarre.
par . Iacq. B. A.

CY gist le corps qui son siecle étonna,
Non par hautesse & grandeur de sa race,
Non par les raix de sa royalle face:
Mais par l'esprit que le ciel lui donna,
Ou ses beaus dons tant il abandonna
Qu'il delaissa pour miracle en ce monde
La Marguerite à nulle autre seconde:
  Et si aucune est digne de son rang,
L'honneur encor'dessus elle en redonde
Ne pouant estre autre que de son sang..

Autre par lui-mesme.

NE plorez plus sur ceste sepulture
(Amys passans) nostre fragilité,
Plustost louez de Dieu la grand bonté
Qui tant orna de graces sa facture,
Outre les loix de son sexe & nature
Que son esprit & vertuz admirables,
Sa saincte vie, & escrips comparables
Aux plus parfaictz de toute antiquite:

Ne feront foy à la posterité:
Car son temps mesme eblouy de sa gloire,
Et tout surpris de si grande clarté,
En le croyant a peine la peu croire.

     Autre par lui-mesme.

Passans voyez vne estrange auanture
D'un corps royal gisant en ce lieu cy,
Qui sans changer face, forme, ou figure
Comme il fut vif, mort il demeure aussi.
T'esbahis-tu? Or il est tout ainsi,
Car son esprit estant en ces bas lieux
Par Foy rauy, & conduit dans les cieux
Ou il alloit le vray Amour suyuant:
Eut de ce corps si peu de soing & cure,
Qu'il le laissa mesme de son viuant
Vn vray Tumbeau, & viue sepulture.

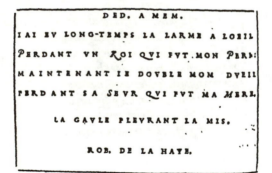

DED. A MEM.

IAI EV LONG-TEMPS LA LARME A LOEIL

PERDANT VN ROI QVI FVT MON PERE:

MAINTENANT IE DOVBLE MON DVEIL

PERDANT SA SEVR QVI FVT MA MERE.

LA GAVLE PLEVRANT LA MIS.

ROB. DE LA HAYE.

Car s'il se mect dessous le Dieu qui ard
  Au sang humain, celuy qui faict l'est?
  Allors perdra le vif de sa clarté
  Pour cet écler qui de ma Reyne part:
Et si ell' est sous quatre de ces feuz,
  Les troys d'embas en seront enuieuz,
  Car elle seulg esteindra leur honneur.
Ce Dieu guerrier, ny ce feu morné & palle
  N'est point son lieu: mais l'Astre de bon heur
  Ce feu Royal est sa place fatale.

           ἌΡΙΤΗ ΤΌΚΕΤΘ.

        Damoiselle   A. D. L.
            Sonnet.

Ve dirois-tu ô heureuse Minerue,
  Si du hault Ciel tu descēdois pour voir
  De ces trois Seurs le tant diuin scauoir
Par qui l'honneur de ton loz se conserue?
L'une meintient que tu as rendu serue
  La Chair, affin que l'Esprit peût preuoir
  Par viue Foy le but de son debuoir
  Et les grans biens que Dieu aux siens reserue.
Les aultres deux poursuyuant le propos
  Louent la mort qui t'a misg en repos:
  Dirois-tu pas oyant leur melodie
Tant doctement celebrer ton grand bien,
  Mes Seurs, il fault que ce mot ie vous die:
  Christ est mon Tout, sans luy ie n'estois Rien.

À P. de Ronsard
Sonnet.

Sous les rayons d'une clarté nouuelle
 I'oze leuer par ce vague ma plume,
 Sous le flambeau qui mon couräigɇ allume
 I'oze essaier la force de mon aille:
Mais ie crain' bien qu'une vertu si belle
 Au premier point mon pouuoir ne consume,
 Subiect vrayment de la diuine enclume
 Non du labeur, d'un Lysippɇ ou Apelle.
Car ce bel Astrɇ ou ton sainct vol aspire
 Pourroit lasser Athenes & Arpîne
 Smyrne, Mantuɇ, & l'unɇ & l'autre lyre:
Qui dira donc vnɇ Ame si diuine?
 Toy, mon Ronsard: car a ton graue dire
 Le veuil des Dieuz & le Temps le destine:

TVMBEAV. A LA REYNE
de Nauarre.

Ce noblɇ esprit qui de nous se depart
 S'il est auz rondz de ces hauz feuz monté
 En tel honneur qu'il ha bien merité,
 Tiendra du ciel la plus heureuse part:

Aux Cendres de

MARGVERITE DE VA-
lois Royne de Nauarre.

Ode paſtorale par Pierre de Ronſard
Vandomois.

B ien heureuſe & chaſte Cendre
   Que la Mort a faict deſcendre
   Deſſous l'oubly du tumbeau:
T umbeau qui vrayment enſerre
T out ce qu'auoit noſtre terre
D'honneur, de gracę, & de beau.

C omme les herbes fleuries
   S ont les honneurs des prairies,
   E t des préz les ruiſſeletz,
   D e l'orme la vignę aymée,
   D es bocaiges la ramée,
   D es champs les bledz nouueletz:

A inſi tu fuz (ô Princeſſe)
   A inçois plus toſt ô Deeſſe,
   T u fuz certes tout l'honneur
   D es Princeſſes de noſtrę age,
   S oit en force de courage,
   O u ſoit en royal bon heur.

DE TROIS SEVRS AN-
gloiſes P. des Mireurs ſuyuant
le ſubiect de ſon Epigrã-
me latin.

Qvand mon eſprit ſurpris de folle audace,
   D'vne faueur aueugle & vaine grace,
Mal aſſeuré en ſon pouoir humain,
M'eut incité mettre la plume en main:
Lors ie chantay en vn bas ſtille & tendre
Les hautz honneurs trop ardus a comprendre
Toute la race, & les illuſtres faicts,
L'eſprit diuin, & les œures parfaicts,
Dignes du Ciel, les meurs, la ſaincte vie,
Et la penſee en Dieu touſiours rauye
De MARGVERITE, & le diſoie à fin
De mieux chanter ſa treſheureuſe fin,
Les durs aſſaulx, le triomphe & la gloire,
Comme en mourant de Sathan eut victoire.
Mais ce pendant Mercure deſcendit
Du haut des Cieux & à moy ſe rendit:
Lors par ſes dicts aigrement fut repriſe
Ma trop ſoubdaine & legiere entrepriſe.
Ceſſe (dict il) ô ignorant eſprit:
A ſi grands faicts eſgal n'eſt ton eſcrit:
Ne vois tu pas que par loy ordonnée
Aux doctes Sœurs telle charge eſt donnée,
Qui bien feront reſonner par leurs vers

La MARGVERITE en ce Monde vniuers
Et par leurs chants là diront estre telle
Que sont les dieux, de nature immortelle
Auancez vous Poëtes de franc cueur
Dont le sçauoir dignorance vaingueur
Par les vertus de MARGVERITE saige
A faire vers esmeut vostre couraige,
Des chastes Sœurs l'exemple iuste & sainct
Ou les Francoys n'ont point encor attainct
Vous guydera, à fin q'un chascun voie
De bien louer le chemin & la voie.

    Ignoti nulla cupido.

ODE A L'IMITATION
des vers latins de Ian Ta-
gaut par G. Bouguier
Angeuin.

O Vous Ames bien heureuses
 Quant au ciel auez vous veu,
 Ou sus vos riues ombreuses
 L'écler d'un plus luisant feu?

O vons Ames bien heureuses
 Soit au seiour ocieux
 Des plaines obliuieuses,
 Ou au blanc cercle des cieux?